合约的修订

《和约的经济后果》续篇

〔英〕约翰·梅纳德·凯恩斯　著
唐伟霞　李婧　张彩琴　译

A Revision of the Treaty:
Being a Sequel to the Economic Consequence of the Peace

John Maynard Keynes
A REVISION OF THE TREATY:
Being a Sequel to the Economic Consequence of the Peace
Copyright © Harcourt, Brace and Company, Inc., 1922
本书根据哈考特·布雷斯出版公司 1922 年版译出

目　　录

前言 …………………………………………………………… 1
第一章　观点的陈述 ………………………………………… 3
第二章　从《凡尔赛和约》的批准到《伦敦第二次最后通牒》…… 8
　一、《和约》的执行和公投 ………………………………… 8
　二、圣雷莫会议（1920年4月19日—26日）、海斯会议
　　　（1920年5月15日和6月19日）、布伦会议（1920年
　　　6月21日、22日）、布鲁塞尔（1920年7月2日—
　　　3日）和斯帕（1920年7月5日—16日）会议 ………… 12
　三、布鲁塞尔会议（1920年12月16日—22日）………… 14
　四、《巴黎决定》（1921年1月24日—30日）……………… 16
　五、伦敦第一次会议（1921年3月1日—7日）…………… 19
　六、伦敦第二次会议（1921年4月29日—5月5日）……… 24
　　附记一　煤炭 …………………………………………… 29
　　附记二　占领莱茵河以东德国的合法性 ……………… 37
第三章　伦敦方案的负担 …………………………………… 41
　　附记三　《威斯巴登协议》 ……………………………… 58
　　附记四　马克汇率 ……………………………………… 63
第四章　赔款法案 …………………………………………… 66

附记五　1921年5月1日之前的收支……………………83
　　附记六　协约国之间的收入分配…………………………87
第五章　养恤金索赔的合法性…………………………………91
第六章　赔款、协约国间债务和国际贸易……………………103
第七章　《和约》的修订与欧洲问题的解决……………………113
　　一、《和约》的修订…………………………………………116
　　二、协约国的补偿…………………………………………118
　　三、对新国家的援助………………………………………120

文件附录………………………………………………………128
　　一、《斯帕协议》摘要（1920年7月）……………………128
　　二、《巴黎决定》（1921年1月29日）……………………132
　　三、各协约国向赔偿委员会提出的索赔，委员会出版
　　　　（1921年2月23日）………………………………134
　　四、伦敦第一次最后通牒（1921年3月3日）……………137
　　五、德国转交给美国政府的反提案（1921年4月24日）…139
　　六、赔偿委员会宣布的评估（1921年4月30日）…………142
　　七、伦敦第二次最后通牒（1921年5月5日）……………143
　　八、《威斯巴登协议》（The Wiesbaden Agreement）
　　　　（1921年10月6日）………………………………149
　　九、政府间债务表…………………………………………156
新闻报道………………………………………………………160
英汉对照表……………………………………………………165
译后记…………………………………………………………169

前　言

出版于1919年12月的《和约的经济后果》不断重印，但我一直没有对其进行修订。自该书出版后，我虽然思绪万千，但本书的修订可能不是那么恰逢其时。那么，我想还是不改动原版为佳，而是把根据事态进展增加的必要修正和补充，以及我对当前事实的一些反思结集为这部续篇。

但是本书仍然是一个续篇，或许就是一个附录。对一些基本问题，我并没有增加任何新东西。书中涵盖的是我在两年前建议的**补救**一事，现在已经人人皆知，我真的没有什么鲜活的东西再补充进去。我的目标是严格限于提供事实和材料，以便对目前的赔偿问题进行明智的审查。

克雷孟梭先生(M. Clemenceau)在其拉旺代(La Vendée)松树林里说："这片树林的伟大之处在于，在这里，几乎没有机会见到劳合·乔治(Lloyd George)或威尔逊(Wilson)总统，这里除了松鼠，什么都没有。"我希望本书的优势亦是在此。

约翰·梅纳德·凯恩斯
剑桥大学国王学院
1921年12月

第一章　观点的陈述

　　这就是现代政治家们惯用的方式：他们所说的和公众所需求的一样愚蠢，并且做的又和他们说的毫厘不爽，也一样愚蠢。他们相信，根据愚蠢的言论而来的愚蠢行动，不久就会自行显露，然后再伺机回到明智的政策——这就是儿童教育家蒙台梭利（Montessori）的理论体系，在此公众即为儿童。如果老师违背了儿童的意向，他就得让位给别的老师。因此，他会先去赞美那些儿童所希望触摸的火苗的绚丽，赞美打破玩具发出声音的美妙动听，甚至不断地催促他们向前，然后再带着警惕的关心，还有智慧和善良的救世主心态，等待着在他们被烧了一下的那一刻，一把将孩子拉回来，并且表示关心。

　　我认为这种可怕的政治手腕，其实是一种狡黠的自卫行为。劳合·乔治（Lloyd George）先生是《和平条约》（Treaty of Peace，后简称《和约》）的负责人之一，这个《和约》（本书所指《和平条约》《和约》《凡尔赛和约》均为同一含义。——译者）既不明智，部分也不可行，还会危及欧洲的生活。他可能会为自己辩护说，本人知道这个《和约》是不明智的，部分是不可行的，会危及欧洲的生活，这些他都明白；但是，公众的热情和无知在这个世界上发挥着一定的作用，他渴望领导一个民主国家就必须考虑这一点。《凡尔赛和约》（Peace of Versailles）是最好的暂时解决办法，它同暴民的要求以及主要人物的性情正好相符；两年来，他已经耗费了智慧和力量来避免或减轻《和约》对欧洲生活所造成的危害。

这些说法在一定程度上是正确的，我们不能一概抹杀。正如法国和美国的参与者所揭露的那样，和平会议（Peace Conference）的内幕表明，劳合·乔治先生还是尽其所能，极力反抗《和约》的过分要求，不过他还是有点看重个人得失。此后两年的公开历史表明，他尽力保护欧洲免受其《和约》的众多恶果之害，正如他拥有的力量能阻止这些恶果那样，他用一种很少有人能改进的技术，虽然没能保证欧洲的繁荣，但是却保护了欧洲的和平；他虽然很少表达真理，但是其行动却受到了真理的指引。因此，他仍然可以宣称自己是为人类服务的忠实公仆，尽管他服务的途径是曲折的。

他可能自以为，这是一个民主国家能够利用的最好方法，即在正确的道路上，不妨可以使用一些欺诈、哄骗和诱骗的伎俩。**作为一种方法**，对真理或诚信的偏好可能是基于某种美学或个人标准的偏见，但在政治上却与实际利益不符。

我们还不能断定，即使公众也是从经验中学习，当政治家以前积累起来的公信力逐渐消失殆尽，这种魅力是否仍然能够发挥作用。

在任何情况下，个人都不必像内阁成员那样，有义务为了公众福利而抛弃忠实不欺的品德，个人不必承担与他们同样的责任。对于个人而言，他可以畅所欲言，信笔疾书，这就是公认的个人自由。或许就是这种个人自由，才使得政治家们同心协力、运筹帷幄，为我们最终的利益做出卓越贡献。

第一章 观点的陈述

正是由于这些原因,我认为,以对《凡尔赛和约》的字面理解作为《和约的经济后果》的写作依据并没有什么过错,而且在检查《和约》的实际执行结果时也没有什么过错。我认为《和约》中很大一部分内容是做不到的,但是我并不赞同很多评论家以此为依据,得出该《和约》没有害处的结论。内部意见从一开始就接受了很多我关于《和约》的主要结论,[①] 但是也不能因此就说外部舆论应该接受这些结论就显得不重要了。

就目前而言,出现了两种观点:不像以前那样有真伪之分,而是有外部和内部之分。公众的观点是由政治家和报纸来传达;而政治家、新闻记者和公务员,以及台上、台下和幕后的观点只是在有限的圈子内流传。在战争时期,两种观点应该尽可能不同,这已经变成了一种爱国义务,有些人似乎仍然认同这一点。

上述情况不是全新的,但也发生过变化。有人说,格莱斯顿先生(Mr. Gladstone)是一个伪君子,但如果是这样的话,他在私生活里就没有丢下面具。那些曾经在世界议会上咆哮的悲剧人物,之后在吃晚饭时也停不下来。但是这些表面现象在幕后再也藏不住了。在公众面前的伪装如果足够明显,甚至超过了今日舞台脚灯闪烁的耀眼程度,私下里也不能再如此了——这对演员们自身的心理影响很大。大多数生活在世界舞台上的人都需要一些东西,比生命更广阔,比真相更简单。在这个庞大的剧院,声音本身传播得太慢了,

---

[①] 正如艾伦·杨(Allyn Young)教授在对我的书进行评论时写道:"这仅仅是似是而非地履行与战败国签订的庄严合同,它对经济现实的估计是胆小而失败的。"杨教授的想法没错,尽管如此,他仍然在为《凡尔赛和约》做部分辩护,并将其描述为"一份具有前瞻性的文件"。

当离舞台最远的听众都能听到其破碎的回声时,真实的话语就不再真实了。

那些生活在有限圈子里分享内部观点的人,对外部观点的关注既太多又太少:说关注太多,是因为他们准备用文字和口头承诺在一切事情上向外部观点让步,他们认为公开反对是荒谬无用的;说关注太少,是因为他们相信这些文字和口头承诺一定会因时而变,去分析它们的字面含义和确切后果都是迂腐、无聊且不恰当的。他们几乎和批评家一样知道这一切。在他们看来,正如评论家自己所承认的:过分关注根本不可能发生的事情,是在浪费时间和感情。尽管如此,在世人面前所说的话,仍然会比那些窃窃私语和流言蜚语影响深刻,正是因为知道这一点,才使得持有内部观点的人更有优越感,即使当时内部观点屈从于外部观点。

但还有一个更复杂的问题,在英国(也许其他地方也这样)存在两种外部观点:报纸上阐述的观点和普通人私下怀疑的观点。比起内部观点,这两种外部观点更相似,并且在某些方面它们完全一致;然而,实际上媒体的教条主义、确定性与个人鲜活的、不确定的信仰之间还是有本质差别的。我猜想即使在1919年,普通的英国人也从来没有真正相信过赔偿,他总是带着些许怀疑,这些怀疑是有道理的。但在他看来,暂时采取赔偿措施并不会有什么实际害处,而且,考虑到当时的感情,人们相信德国有无限赔偿的可能要比不这么认为感觉更好,即使不那么真实。因此,最近英国外部观点的修正只有部分是合理的,这也是因为情况变化所致;因为人们看到,目前坚持赔偿确实涉及实际损害,而情感诉求也不再具有决定性作用。因此,他准备去参与辩论,而他以前对此一直不太关注。

第一章 观点的陈述

外部观察家很容易忽视那些不言而喻的情感，但媒体最终肯定会表达出来。内部观点通过扩散到越来越广的圈子来逐渐影响他们，他们很容易及时受到争论、常识或自身利益的影响。准确地知道这三种观点是现代政治家的职责：他必须有足够的智力去理解内部观点，有足够的同情心去探查内层的外部观点，有足够的本事来表达外层的外部观点。

不管这种说法是真是假，公众情绪在过去两年里发生了巨大变化，这是毋庸置疑的。对平静生活的渴望，对减少赔偿的渴望，以及对与邻国和平相处的渴望是目前最重要的。战争的狂热已经过去，每个人都希望尊重事实。由于这些原因，《凡尔赛和约》的赔偿条款正在瓦解。现在几乎无法预见《和约》实施所造成的灾难性后果。

在接下来的章节中，我承担着双重任务：以事件的编年史和目前事实的陈述开始，以我们应该提出的建议结束。我很自然地更看重后者。但回顾一下最近的过去不仅仅具有历史意义。如果我们留心回顾刚过去的两年（没有辅助的一般记忆现在是如此微弱，以至于我们对过去的认知并不比对将来的认知好），我想，我们将首先受到巨大打击。我的结论性建议是，这种假想的因素已经不再是政治上所必要的，外部观点现在已经准备好披露内部观点的秘密主张，并且付诸实施。公开发表明智的言论不再是徒劳的轻率行为。

第二章 从《凡尔赛和约》的批准到《伦敦第二次最后通牒》

一、《和约》的执行和公投

《凡尔赛和约》于1920年1月10日获得批准，其领土条款除了公投地区外，于该日生效。石勒苏益格（Slesvig）（1920年2月和3月）分别以决定性多数将北部分给丹麦，南部分给德国。东普鲁士（East Prussian）公投（1920年7月）显示，德国获得压倒性选票。上西里西亚（Upper Silesian）公投（1921年3月）以近2比1的多数票通过，支持德国，上西里西亚作为一个省不分割，[①]但在南部和东部某些地区多数票支持波兰。根据上述投票结果，考虑到某些存在争议地区的工业统一性，除了法国之外的主要协约国都认为，除了普莱斯（Pless）和莱布尼克（Rybnik）这两地的东南地区（虽然

---

① 更确切地说，122万人有投票权，实际选民118.6万，有70.7万张选票或全部选票的7/11是投给德国的，47.9万张选票或全部选票的4/11是投给波兰的。在1522个选区中，其中844个支持德国，678个支持波兰。支持波兰的选民主要来自乡下，这可以从以下事实中看出：在36个城镇中，德国获得26.7万张选票，波兰才获得7万张；在乡下，44万选民支持德国，40.9万支持波兰。

这两个地区包括重要的未开采煤田，但目前还是农业用地），以外几乎是整个省都应该分给德国。由于法国无法接受这一决定，所以整个问题都被提交给国际联盟（League of Nations）进行最后仲裁。为了种族利益或是出于民族主义的正义，国际联盟将上述工业区一分为二；同时，为避免这种分割的后果，为了物质繁荣，国际联盟引入了效率令人怀疑的复杂经济条款。他们之所以把这些条款限制在15年内，是因为他们确信在期限终结之前，或许会发生什么事来修改他们的决议。广义上而言，边界已经被划定，完全没有考虑经济因素，以便尽可能多地包括支持德国的选民和支持波兰的选民〔尽管为达到这一结果，人们认为有必要把两个几乎纯粹是德国的城镇卡托维兹（Kattowitz）和科尼施塔（Königshütte）分给波兰〕。从这一有限的角度来看，这一工作应该算是公平地完成了，但是《和约》指示，还应该考虑经济和地理因素。

我不打算详细研究这一决定是否明智。在德国，人们相信法国所施加的潜在影响促成了这一结果。我怀疑这是否是个实质性因素，只是国际联盟官员们为了联盟自身利益，自然急于通过联盟理事会成员未能就此事达成一致而提出一个不会惨败的解决方案；这不可避免地引入某种偏见，支持法国可以接受的解决方案。我认为，该决定使人们更加从根本上怀疑这种解决国际事务的方法。

简单的情况下不会出什么乱子。当对立的诉求和不可比较的诉求之间发生冲突时，才会诉诸国际联盟。只有那些公正无私、知识广博而计划周密的权威人士，才能做出好的裁定。由于国际司法是在处理庞大的有机单位，而不是众多的小单位，这些单位中的个性特质最好被忽视，任由它们自己平均处理，所以，它不可能与市法院程序化的律师审判一样。因此，这是一种危险的做法，即委托南美洲和远东的老绅士去解决现在欧洲错综复杂的结构中固有的原始冲突，他们会认为有责任从现有已签署的文件中萃取严格的法律解释，也就是说，考虑的因素越少越好，寻找一种不存在的简单性，而且可以取得谅解。那只会让我们看到所罗门根据驴子耳朵做出的更多裁决，所罗门蒙着法律的双眼说："把活着的孩子分成两半"，亲子案就裁决了，上述情况与此相似。

威尔逊教条宣扬和夸大种族分裂和民族分裂重于贸易和文化的纽带，保障边界，但不保障幸福，这种教条深深地根植于国际联盟目前所构建的概念中。这给我们带来了一个悖论，即国际政府的第一次试验应该朝着强化民族主义的方向施加影响。

这些附加的反思来自于以下事实：从某种有限的视角，联盟理事会可能会提出一个有利于其决定的很好的理由。我的批评比只是对偏袒的指控更能打动人心。

公投的结果一出来，德国边界的划分就一锤定音了。

1920年1月，国际联盟呼吁荷兰交出凯撒（Kaiser），让有关政府感到宽慰（几乎不加掩饰）的是，荷兰及时拒绝了（1920年1月23日）。同月，又要求交出数千名"战犯"，但面对德国的强烈抗议，他们并没有坚持。相反，会议的安排是，至少在一审中只应审理有限数量的案件，这些案件不是根据《和约》规定由协约国法院审理，而是在莱比锡（Leipzig）高等法院审理。有些诸如此类案件已经审判过了，现在，在默许之下我们就再也听不到这件事了。

1920年3月13日，柏林的旧保皇派爆发政变，即卡普"政变"（Kapp "Putsch"），导致他们占领首都五天，政变导致时任总统的

第二章 从《凡尔赛和约》的批准到《伦敦第二次最后通牒》

埃伯特（Ebert）从柏林逃往德累斯顿（Dresden）。这次政变的失败在很大程度上是借助于大罢工这一武器（令人好奇的是，大罢工的首次成功是为了维护既定秩序）。这次政变失败后，威斯特伐利亚（Westphalia）和鲁尔（Ruhr）的运动接踵而来。在处理第二次政变时，德国政府向该地区派遣了超过《和约》允许数量的部队，结果法国在没有得到其盟友同意的情况下，抓住了占领法兰克福（1920年4月6日）和达姆施塔特（Darmstadt）的机会。这正好发生在一系列盟军会议的第一次会议召开的时候，即下面记录的圣雷莫大会（the Conference of San Remo）。

这些事件再加上对德国中央政府在巴伐利亚执政能力的怀疑，导致德国一再推迟解除军备工作，根据《和约》，德国应于1920年3月31日完成，但是直到1921年5月5日《伦敦最后通牒》（the London Ultimatum）发布时才最终执行完毕。

接下来编年史的主要议题仍然是赔偿。1920年期间，德国执行了一些《和约》规定的具体交付和归还。从法国和比利时抢走的大量可识别财产已被及时归还原主。[①] 商船陆战队解散了。德国交付了一些染料和一定数量的煤炭。但德国没有支付现金，真正的赔偿问题仍被推迟。[②]

随着1920年春夏期间会议的召开，与会者开始了一系列尝试，试图修改《和约》的不可能性，并将其打造成可行的范式。

---

① 截至1920年5月31日，价值83亿法郎的证券和其他可辨认的资产，以及50万吨机械和原材料已归还法国（法国商会财务委员会报告，1920年6月14日），还有44.5万头活牲畜。

② 截至1921年5月，赔偿委员会的现金收入不超过1.24亿金马克。

二、圣雷莫会议(1920年4月19日—26日)、海斯会议(1920年5月15日和6月19日)、布伦会议(1920年6月21日、22日)、布鲁塞尔(1920年7月2日—3日)和斯帕(1920年7月5日—16日)会议

很难将1920年4月至1921年4月两国首脑之间的一系列讨论区分开来。每次会议的结果基本都是失败的,但其总的影响却累积了起来,这样一步一步地,每个季度修改《和约》的工作都取得进展。这些会议为劳合·乔治先生的策略提供了一个非凡的例子。在每次会谈中,劳合·乔治先生都尽可能地给法国施加压力,但没有达到其初衷,然后回国庆祝临时达成了和解(一个月后肯定要修改),这是他和其法国同事完全一致的表达,是智慧近乎完美的体现,他也建议德国最后要接受这一和解。他每隔两次会面都声称,如果德国不照做,他就会支持其他国家入侵其领土。随着时间的推移,他在法国的声誉并没有得到改善,但他却稳步达到了自己的目标——尽管这可能不是因为这种策略的优越性,而是因为事实无可挑剔地站在他这边。

圣雷莫大会(1920年4月19日—26日)是这一系列会议的第一次大会,由意大利总理尼蒂先生(Signor Nitti)担任主席,他并没有掩饰其修改《和约》之意。米勒兰先生(Millerand)当然是维护《和约》的完整性,而劳合·乔治先生(根据那天的《泰晤士报》(The

Times》)则处于中间地位。由于法国人显然不会接受任何新的方案,劳合·乔治先生集中精力安排最高委员会与德国政府面对面的讨论,这次会议非同寻常,从未在和平会议期间或之后安排过。在邀请德国代表前往圣雷莫的提案被否决后,随即,劳合·乔治先生成功地做出了一项决定,即传唤他们参加下个月的斯帕会议,"讨论赔偿条款的适用性"。这是第一步;对于其他方面,大会对《德国解除军备宣言》(Declaration on German Disarmament)都比较满意。劳合·乔治先生不得不向米勒兰先生承认,应该保持《和约》的完整性,但他回国后在下议院发表讲话时表示,他还是倾向于对《和约》的解释不要"太字面化"。

5月份,首脑们在海斯私下会面,考虑他们在斯帕确立的方针。谈判尺度的可变在《巴黎决定》和《伦敦第二次最后通牒》中扮演重要角色,现在肯定该执行了。会议任命了一个专家委员会,准备审查一项计划,根据该计划,德国应每年支付一定的最低数额,并根据其能力再支付一些款项。这为新的想法开辟了道路,但尚未就实际数字达成一致意见。与此同时,斯帕会议被推迟了一个月。

接下来的6月份,首脑们在布伦再次举行会议(1920年6月21日),在此之前,他们还在海斯举行了非正式的周末会议(1920年6月19日)。据报道,在这次会议上,协约国已经明确同意了,根据德国经济复苏情况而延付最低年金的原则。甚至还提到了明确的数字,即35年的期限和30亿金马克的最低年金。斯帕会议则再次被推迟到下个月举行。

斯帕会议终于到日子了。首脑们再次在布鲁塞尔开会(1920年7月2日和3日),以商议他们将采取的方针。他们讨论了许多问题,特别是事先假定的赔偿额在索赔方之间分配的比例,[①] 但是尚未通过具体的赔偿方案。与此同时,德国专家递交的一份备忘录清楚地表明,在法国任何政治上可行的计划在德国经济上都不可能。1920年7月3日《泰晤士报》写道:"德国经济专家的说明无异于要求全面修订《和约》。因此,协约国必须考虑他们是严令德国在明确制裁的威胁下遵守《和约》,还是要冒险因允许德国推脱而给公众留下其虚弱的印象。"这是一个好主意。因为他们敢于暗示《和约》可以被修改,如果协约国不能就修改《和约》的确切方式达成一致,那么他们之间的"完全一致"就可以通过"严令德国遵守《和约》"来重新达成。

最终,在1920年7月5日,这场久负盛名的会议召开了。但是,虽然会议占用了12天,却没有时间讨论议程上的主要项目,即赔偿问题。这个危险的话题还没来得及提起,米勒兰先生就去巴黎参加紧急会议。这次会议的主要议题之一实际上是煤炭,这在本章结尾的附记一中进行了详细介绍。但这次会议的主要意义在于:德国首脑、德国专家和协约国代表第一次面对面会谈,采用了公开会议甚至私密会面的方式。斯帕大会没有制订任何计划,但是在这外在迹象之下还是取得了一些进展。

三、布鲁塞尔会议
(1920年12月16日—22日)

虽然斯帕会议没有试图讨论赔偿解决方案,但会议再次商定,

[①] 见附记六。

第二章　从《凡尔赛和约》的批准到《伦敦第二次最后通牒》

应尽早处理赔偿问题。可时间流逝着，什么也没发生。1920 年 9 月 23 日，米勒兰先生成功当选为法兰西共和国总统，其部长会议主席职位由莱格先生（Leygues）接任。法国官方立场逐渐开始让步，但法国公众从未完全接受让步，而劳合·乔治先生已经在布伦会议上设法得到了法国的让步。他们现在更愿意让赔偿委员会这一机构执行指定的程序。然而，终于在 1920 年 11 月 6 日，经过多次外交往来，会议再次宣称法国和英国政府意见"完全一致"。由赔偿委员会提名的专家会议将与德国专家一起会谈并作报告；然后再举行部长会议，与德国政府会晤并作报告。有了这两份报告，赔偿委员会将确定德国的赔偿数额。最终，协约国政府的首脑们将开会并"做出决定"。《泰晤士报》记载："因而，经过长期的迷失，我们再一次回到《凡尔赛和约》上来。"如果没有其他事情能证实的话，这位敬业的作者对旧报档案的重读，证实了传道者的话和命运的尘埃。

实际上，这漫长程序的第一步已经开始，协约国政府[①]的某些常任官员在 1920 年圣诞节前不久在布鲁塞尔会见了德国代表，以查明事实并全面探讨局势。这是一次"专家"会议，不同于之前和随后的"政治家"会议。

布鲁塞尔专家的工作在很大程度上被后来巴黎的政治家会议所忽视和推翻，因此现在不值得评论其细节。然而，这标志着我们

[①] 阿伯农勋爵（Lord D'Abernon）和约翰·布拉德伯里爵士（Sir John Bradbury）代表英国，塞杜克斯（Seydoux）和谢森（Cheysson）代表法国，阿梅里奥（d'Amelio）和詹尼尼（Giannini）代表意大利，德拉克洛瓦（Delacroix）和利普卢（Lepreux）代表比利时，按照惯例，还包括两个日本人。德国代表包括伯格曼（Bergmann）、哈文斯坦（Havenstein）、库诺（Cuno）、梅尔基奥尔（Melchior）、冯斯托斯（von Stauss）、波恩（Bonn）和施罗德（Schroeder）。

与德国的关系进入了一个新阶段。双方官员以非正式的方式会面，像理性人一样交谈。他们是从所谓的"国际官场"中选拔出的代表，愤世嫉俗、人道、聪颖，更偏重事实和方案的现实性。双方都认为，在解决问题方面正在取得进展；相互尊重也得到了促进；对早期放弃理性对话也表示了真诚的遗憾。

布鲁塞尔的专家们无权考虑一个低于布伦会议所精心设计的平均支付水平，因此，他们向协约国政府建议：

（1）在1921至1926年的5年内，德国应支付平均年金7.5亿美元，但是，这笔年金应在5年内分摊，最初2年的支付金额可以少于这个数额，最后2年的支付大于这个数额，5年期满后的后续付款问题，暂时推迟；

（2）这笔款项的很大一部分应以实物形式交付，而不是支付现金；

（3）占领军的年度开支应该限制在6 000万美元以内，这笔钱含在上述年金之内，不需要额外支付，但是应用上述年金首先支付；

（4）协约国应放弃要求德国为其建造船只，并应放弃或推迟要求德国交付一定数量的现有船只；

（5）德国一方应整顿财政和预算，并同意在上述计划违约的情况下由协约国接管其海关。

四、《巴黎决定》
（1921年1月24日—30日）

布鲁塞尔专家的建议没有永久解决这一问题，但却代表着《和约》思想的巨大进步。然而，与此同时，法国国内的舆论正在不断增加，反对所设想的让步。看来，莱格先生将无法在议会(Chamber)执行布伦会议所讨论的计划。作为《凡尔赛和约》字面完整性的极端捍卫者，庞加莱先生(Poincaré)、塔迪厄先生(Tardieu)、克洛茨先生(Klotz)仍然抵制布伦计划，于是，长期的政治阴谋在白里安先生(Briand)继任部长会议主席后结束了。布伦计划和布鲁塞尔计划被扔进了大熔炉，1921年1月底，只好在巴黎再次召集各方开会。

起初，人们怀疑诉讼程序可能不会因英法两国观点的冲突而终止。劳合·乔治先生有理由愤懑，因为不得不放弃在布伦会议上似乎肯定获得的大部分进展；由于这些变故，谈判就是浪费时间，不可能取得进展。他也不愿意要求德国付款，现在**所有**的专家都认为付款是不可能的。有几天，他觉得法国的争论完全不入耳，但随着事情的进展，他意识到白里安先生是一个志同道合的人，而且不管他在公开场合说什么废话，暗地里他还是相当明智的。对话的冲突可能意味着白里安下台，激进人士庞加莱和塔迪厄入场，如果他们的言论被认真对待，而不仅仅是一个谋取职位的诡计，他们很有可能在被赶下台之前扰乱欧洲的和平。劳合·乔治先生和白里安先生都是暗地里的明智人，在短期内一唱一和，以说点废话为代价，继续共事，不是更好吗？这种对局势的看法占了上风，并向德国发出了最后通牒，内容如下。①

巴黎和会向德国提议的赔偿金由确定部分和不确定部分组成。前者包括2年内每年5亿美元，接下来3年每年7.5亿美元，再3

---

① 这些决定的文本载于附录二。

年每年 10 亿美元，在此之后 3 年每年 12.5 亿美元，最后 31 年每年 15 亿美元。除上述金额之外，后者（不确定部分）包括每年支付相当于德国出口额的 12%。这一计划下的固定付款总额总计为 565 亿美元，略低于布伦计划的总额，但加上出口比例，这一数额要大得多。

不确定因素的存在使我们不可能精确地计算出这一负担，也不值得再详细讨论。但我当时准确地计算出，在正常期间这些提议要求德国每年支付 20 亿美元以上，这是英国或美国任何有能力的人试图证明正当的最高数额的两倍。

然而，正如他们在布伦和布鲁塞尔讨论之后所做的那样，《巴黎决定》并不是认真的，只是游戏中的另一个举动，以给白里安先生喘息之机。我想知道是否曾经发生过类似的事情——可能最好被诊断为"宣传"的不祥的发展结果。这个怪物已经摆脱了作者的控制，于是产生了一种非常特殊的局面，世界上最有权势的政治家们迫于压力不得不日复一日地会面，讨论他们知道不可能发生事情的具体变化。

然而，劳合·乔治先生成功地注意到，他们光说不练。有效处罚的考虑被推迟，一个月后德国人被邀请到伦敦参加会议，口头传达他们的回应。

白里安先生在议会取得了胜利。《泰晤士报》报道："白里安先生在漫长的议长和议员生涯中，很少能有更好的表现。他对塔迪厄先生的批评非常戏剧化，尽管有时对旁观者和受害者来说近乎有点痛苦。"塔迪厄先生夸大其词，"坚决主张法国去年的政策是基于无法执行《凡尔赛和约》的财政条款这一结论，塔迪厄先生宣布这只是和平主义者凯恩斯先生和德国代表布罗克多夫·兰图伯爵（Count Brockdorff-Rantzau）的论断，从而获得掌声如潮"，这对《巴黎决定》肯定是不公平的。但到了彼时，即使在法国，对《和约》的完美赞扬也实属荒谬。"我是个诚实的人，"白里安先生登上讲坛时说，"当我从塔迪厄先生那里获悉他要来质问我时，我感到有点高兴。我告知自己，塔迪厄先生可是《凡尔赛和约》的主要设计者之一，因而他既知晓《和约》的优点，也知晓其瑕疵，因此，他会对那些尽职尽责履行《和约》的人偏爱倍加——在此（打着手势）——我不能忘记塔迪厄先生已经将其所有精力都花在了自己的手工艺品上。"宣传的畸形儿正在慢慢死去。

五、伦敦第一次会议（1921年3月1日—7日）

在德国，巴黎的提议被认真对待，并引起了相当大的抗议。但西蒙斯博士（Simons）接受了伦敦的邀请，他的专家团也开始提出反提案。2月13日，他在斯图加特（Stuttgart）说："我本是同意布鲁塞尔会议上英国和法国代表们的。巴黎会议打破了这一局面。一场灾难爆发了。德国舆论永远不会忘记这些数字。现在是不可能回到在布鲁塞尔提出的塞杜克斯（Seydoux）计划（即5年的临时解决方案）了，因为德国人民总是看到协约国巨大的要求像幽灵一样在他们面前升起来……我们宁愿接受不公正的裁决，也不愿签署我们不能坚定地说服德国人民遵守的承诺。"

1921年3月1日，西蒙斯博士向聚集在伦敦的协约国提出了反提案。就像布罗克多夫·兰图（Brockdorff Rantzau）在凡尔赛最初提出的反提案一样，它并不明确，也不完全易懂；而且有传言说，德国专家们自己就意见不一。西蒙斯博士没有用通俗的语言阐明德国人所认为能完成的，而是从《巴黎决定》的数字开始，然后通过透明和徒劳的杂耍，把这些数字还原成一个完全不同的数字。该过程如下：以巴黎计划的固定年金总额（除出口比例外），即565亿美元，按8%的利率计算，现值就是125亿美元；从中扣除德国迄今为止交付的声称价值（但肯定不是实际价值）50亿美元，那么就剩75亿美元。这是德国支付能力的极限。如果协约国能筹集到20亿美元的国际贷款，德国将会为此支付利息和偿债基金，此外，在5年内每年支付2.5亿美元，用于偿还超过20亿美元的剩余资本，即55亿美元的资本总额，但是，在还款之前将不计息。在5年到期时，将重新考虑偿还率。整个提案取决于是否保留上西里西亚并消除对德国贸易的所有障碍。

这一提案的实际内容并非无理，而且很可能与协约国最终取得的成果一样好。但是，这些数字甚至远低于布鲁塞尔专家们提出的数字，而提出这一提案的方式自然引发了偏见。该提议被断然拒绝了。

两天后，劳合·乔治先生向德国代表团宣读了一篇关于德国有罪的演讲，将他们的提案描述为"一种冒犯和愤怒"，并声称德国的税收"比英国低得离谱"。随后，他代表协约国正式宣布，德国在履行以下三方面有违约行为，即"将违反战争法的罪犯交付审判，解除军备，以现金或实物形式支付50亿美元"；并发出了最后通牒①，大意是，除非他在星期一（3月7日）之前听到消息，即"德国准备接受《巴黎决定》，或提交提案以其他方式同样令人满意地履行《凡尔赛和约》中的义务（以巴黎提案中做出的让步为准）。"协约国将着手推进(1)占领莱茵河右岸的杜伊斯堡（Duisberg）、鲁尔（Ruhrort）和杜塞尔多夫（Düsseldorf），(2)对德国运送货物给协约国而向德国支付的所有款项征税，(3)在德国被占领区与德国其他地区之间设立一条海关线，(4)保留进出被占领区的货物关税。

在接下来的几天里，谈判毫无目的地在幕后进行。3月6日午夜时分，卢切尔先生（Loucheur）和阿伯农勋爵（Lord D'Abernon）向德国人提出了另一种选择，即固定支付每年7.5亿美元，为期30年，出口比例为30%。② 正式会议于3月7日恢复。"早晨一群人聚集在兰开斯特（Lancaster）大厦外，为福煦元帅（Marshal Foch）和劳合·乔治先生欢呼。'让他们付出代价吧，劳合·乔治！'这种叫喊很普遍。人们好奇地观察着德国代表。冯·塞克特（von Seeckt）将军穿着制服，佩带宝剑，他还戴着一副普鲁士军官做派的眼镜，自诩为普鲁士军国主义的化身。福煦元帅、陆军元帅亨利·威尔逊爵士（Henry Wilson）和其他协约国士兵也都穿着制服。"③

西蒙斯博士传达了其正式答复。他将接受《巴黎决定》的**框架**，即最初5年的固定支付安排，条件是帮助德国通过贷款支付，并保留上西里西亚。5年后，《凡尔赛和约》将恢复其权威，西蒙斯倾向

---

① 全文载于附录四。
② 相比之下，仅两个月后，伦敦第二次最后通牒提出的是5亿美元固定付款和26%的出口比例。
③ 《泰晤士报》，1921年3月8日。

于《和约》条款而不是巴黎提案,他有权这么做。"战争罪的问题不应由《和约》决定,也不能由承认或制裁来决定;只有历史才能决定谁应对世界大战负责。我们都离这个事件太近了。"他指出,受到威胁的制裁都是非法的。在赔偿委员会于5月1日做出应有的声明之前,德国不可能在赔偿方面有技术性违约。根据《和约》,进一步占领德国领土是不合法的。保留德国货物的部分价值违背了英国和比利时政府的承诺。根据《和约》第270条,只允许在莱茵岛设立特别关税,以保护莱茵人的经济利益,而不能因未履行《和约》义务而惩罚全体德国人民。关于制裁的非法性的论据是无可争辩的,劳合·乔治先生没有试图回应这些论据。他宣布将立即实施制裁。

巴黎的谈判破裂让大家"松了一口气"①,福煦元帅发出电报,命令其部队在第二天上午7点行军。

因此,伦敦会议没有提出新的赔偿计划。劳合·乔治先生对《巴黎决定》的默许,使他走得太远了。在某种程度上,他个人对德国代表的态度感到气愤,而在开始时,这种行为可能是为了虚张声势,失败之后,他最终还是同意以入侵德国的方式来执行这些决定。经济处罚,无论是否合法,对敛钱的目的来说,显然都是无效的,所以几乎不可能是为了达到这一目的。经济处罚是为了吓唬德国,让德国签名保证去做无法做到、也不打算去做的事情,威胁要朝着法国某些地区公开倡导的政策方向迈出一大步,使莱茵河各省永久脱离德国联邦。伦敦会议的严峻性部分在于英国大力推行这一政策,

---

① 《泰晤士报》,1921年3月8日。

第二章 从《凡尔赛和约》的批准到《伦敦第二次最后通牒》

部分在于它蔑视适当的法律形式和程序。

《凡尔赛和约》是不可能捍卫占领德国三镇的合法性的[①]。劳合·乔治先生在下议院努力做到这一点，但在辩论的后期，这一论点实际上被总检察长抛弃了。

协约国的目的是迫使德国接受《巴黎决定》。但德国拒绝接受这些提案，因为这在它的权利范围内，并不违反《和约》。这些提案不属于《和约》的范围，也未经《和约》授权，所以德国可以自由决定接受或拒绝这些提案。因此，协约国有必要找别的托辞。他们在这方面的努力是敷衍了事的，正如已经记录的那样，其中含糊不清地提到了战犯、解除军备和支付200亿金马克。

在当时（1921年3月7日），关于拖欠200亿金马克的指控显然站不住脚，因为根据《和约》，德国必须在5月1日前支付这笔款项，"按赔偿委员会可能确定的方式分期支付"，[②] 在1921年3月，赔偿委员会尚未要求支付该笔现金。但是，假设德国在战犯和解除军备方面存在技术性违约（而且《和约》的原始条款被修改得非常频繁，很难说在多大程度上是技术性违约），如果我们威胁要处罚，那么我们就有责任准确地陈述我们的指控，而且有责任在确认对方没有满足我们的指控时才采取处罚。我们无权提出含糊的指控，然后威胁说，除非德国同意一些与指控无关的事情，否则就要处罚对方。3月7日的最后通牒取代了《和约》——断断续续地使用武力

[①] 一两周后，德国政府正式向国际联盟提出上诉，反对这项法案的合法性。但我不知道联盟对此采取了什么行动。

[②] 几周后，赔偿委员会努力整顿最高委员会的行动，要求赔偿10亿金马克（合2.5亿美元），也就是说，德意志银行货币发行储备的更大部分。这一需求后来被取消了。

以满足各种苛求。因为无论何时德国在技术上违反了《和约》的任何一部分，协约国显然都认为自己有权对《和约》的任何其他部分进行他们认为合适的任何修改。

根据《和约》，在任何情况下入侵德国莱茵河外的地区都是非法行为。这个问题在接下来的一个月变得更加重要，当时法国人宣布他们打算占领鲁尔。我们在本章最后的附记二讨论了这一法律问题。

六、伦敦第二次会议
（1921年4月29日—5月5日）

接下来的两个月简直就是暴风骤雨。制裁令德国局势雪上加霜，但德国政府没有表现出任何投降的迹象。3月底，德国寻求美国的干预，并通过美国政府转交了一份新的反提案。除了直截了当和更精确之外，这个提案比月初西蒙斯博士在伦敦的提案要好得多。

其主要条款[①]如下：

1. 德国债务的现值固定为125亿美元。

2. 尽可能多地立即通过发放优惠的国际贷款来筹集资金，其中收益将移交给协约国，德国要勒紧裤带偿付利息和偿债基金。

3. 目前，德国对现在的债务余额支付4%的利息。

4. 偿债基金余额随德国经济复苏的速度而变化。

---

① 全文见附录五。

5. 德国在履行上述部分义务的同时，还将承担起在协约国同意的线路上对灾区进行实际重建的任务，并在商业线路上进行实物交付。

6. 德国准备"尽其所能"承担协约国对美国的义务。

7. 为了表示其积极意愿，德国应立即拿出 2.5 亿美元现金。

如果与西蒙斯博士的第一次提案相比，就会发现它至少要好一半，因为在 1921 年 5 月 1 日之前，不再有任何关于从 125 亿美元总额中扣除据称（实际上是虚构的）50 亿美元的说法了。如果我们假设一笔 12.5 亿美元的国际贷款、利息和偿债基金的成本是 8%①，那么德国的提案相当于每年支付 5.5 亿美元，以后可能会根据德国经济复苏的速度而相应增加。

美国政府私下里首先确定协约国不会接受这一提案，因此没有正式转达。② 基于这一原因，也因为不久之后其在伦敦第二次会议上的黯然失色，这一非常直截了当的提案从未得到应有的重视。该提案是德国政府仔细而精确地拟定出来的，可能代表了德国所能履行的最大限度。

但是，正如我所言，这个提案几乎没给人留下什么印象。媒体在很大程度上忽视了该提案，也几乎没有任何对它的评论。因为在伦敦第一次会议和第二次会议之间的两个月里，发生了两件非常重要的事情，使情况发生了重大变化。③

其中第一件就是 1921 年 3 月举行的西里西亚公民投票的结果。

---

① 这种大规模贷款的可行性当然令人怀疑。
② 据报道，德国政府也表示愿意接受美国总统可能确定的任何金额。
③ 在制裁实施和反提案失败后，费伦巴赫的内阁和西蒙斯博士由沃思博士继承。

德国早先提出的赔偿提议都是以保留上西里西亚为条件的;而这一条件在全民投票之前是协约国无法接受的。但现在看来,德国实际上有资格拥有该国大部分地区,可能也有资格拥有更大一部分工业区。但是,这一结果也使法国与其他协约国在对这一问题的政策上产生了严重分歧。

第二件是赔偿委员会于1921年4月27日向德国通报的决定,该决定是关于德国根据《和约》规定的总赔偿责任。协约国的财长们曾预示过3 000亿金马克;在《巴黎决定》中,负责任的预计为1 600亿—2 000亿金马克;①《和约的经济后果》(The Economic Consequences of the Peace)一书的作者将数字修正为1 370亿金马克,这是他能做出的最接近的估算,结果遭到了大量诽谤。②因此,当赔偿委员会宣布,他们一致认为这一数字为1 320亿金马克(即330亿美元)时,公众和政府都感到惊讶。③现在看来,《巴黎决定》并不是这样的;《巴黎决定》被认为是对《和约》的实质性改进,而德国却忘恩负义,不愿接受;当时,德国正因为拒绝接受某些方面比《和约》本身更为严厉的条款而遭受入侵。我将在第四章详细审查赔偿委员会的决定,它把这个问题放在一个新的基础上,否则《伦敦决定》(Decisions of London)几乎是不可能的。

赔偿委员会的决定和1921年5月1日(《和约》中确定赔偿计划的颁布日期)的到来,为重新审议整个问题提供了充分的理由。德国拒绝了《巴黎决定》;制裁未能触动它;因此,《和约》的框架

---

① 直到1921年1月26日,杜默先生给出的预测是2 400亿金马克。
② 不包括偿还给比利时的战争贷款。
③ 不包括偿还给比利时的战争贷款。

又回到原点。根据《和约》，应由赔偿委员会提出一项计划。

在这种情况下，协约国在1921年4月的最后几天再次在伦敦会晤。在那里协调一致的计划实际上是最高理事会（Supreme Council）的工作，但《和约》的形式得到保留，赔偿委员会从巴黎被召集到这里，通过并颁布最高理事会的法令。

会议是在非常紧张的情况下召开的。白里安先生认为有必要安抚其议会，宣布他打算于5月1日占领鲁尔。迄今为止，从巴黎会议开始的暴力和非法政策，始终包含虚假的成分，以防止其危及欧洲的和平与繁荣。但是，现在已经到了一定要发生什么事的时候了，不管是好的还是坏的，都有理由感到焦虑。劳合·乔治先生和白里安先生手拉手走到悬崖边上，劳合·乔治先生从悬崖边上望过去，白里安先生赞扬下面景色的美丽和下山时令人兴奋的感觉。劳合·乔治先生已经完全沉溺于他那习惯性的病态目光，他最后一定会退缩，同时他会解释他多么同情白里安先生的观点。但白里安先生会吗？

在这种气氛中，会议召开了。考虑到所有情况，包括各主要国家过去的承诺，总的来说，会议的结果是理智的胜利，特别是因为那里的协约国决定在《和约》范围内回到合法的轨道上来。在本次会议上协调一致的新提案，无论是否切实可行，都是《和约》的合法发展，在这方面与此前1月份的《巴黎决定》截然不同。无论《和约》多么糟糕，伦敦计划提供了一种途径，以避免比《和约》更糟糕的政策，即仅仅倚仗优越的武力就肆意妄为。

一方面，伦敦的第二次最后通牒是非法的。因为它包括一个非法的威胁，如果德国拒绝其条款，就占领鲁尔山谷。但这是为了白里安先生，他的最低要求是，至少能够利用他匆匆离开的危险之魅力，在谈话时有回旋的余地。最后通牒也没有对德国提出任何要求，而德国在《和约》上的签字并没有做出承诺。

因此，在我看来，德国政府无条件地接受最后通牒是正确的，尽管它仍然包括不可能实现的要求。不管好坏，德国都已经签署了《和约》。新的计划并没有增加《和约》规定的负担，尽管一个合理的永久解决方案仍留在原处，但未来在某些方面它减轻了这些负担。1921年5月所批准的计划与《和约》相符，而且仅仅实现了德国过去两年有理由预期的效果。该计划并没有要求德国立即——也就是说，在接下来的6个月里——履行任何不能履行的义务。它消除了德国不可能承担的责任，即根据《和约》，应该在5月1日立即支付30亿美元。最重要的是，它避免了对鲁尔的占领，维护了欧洲的和平。

德国有些人认为，德国应该在威胁下毫不客气地宣称自己无法做到，这肯定是错误的。但德国顺从地接受了已签署《和约》下的合法通知，这使它不必这样做，也不涉及放弃它最近通过美国总统所作的沟通，沟通是关于它真诚地认为什么是切实可行的履行限度。

然而，在这一情绪下，德国面临的主要困难都摆在眼前。无论是在英国还是在美国，人们都不知道德国的自尊受到了多大的伤害，迫使它不仅要履行赔偿义务，而且要赞成实际上并不接受的决定。在文明国家，使用武力强迫不法分子认罪是不常见的，即使我们确信他们有罪；像审问者那样，强迫别人相信我们相信的东西更野蛮。然而，协约国对德国似乎已经采取了这种卑鄙有害的做法，并在刺刀尖上对德国人民施加了最后的耻辱，即通过他们的代表的嘴，背诵他们认为不真实的东西。

但是，在《伦敦的第二次最后通牒》中，协约国不再处于这种狂热的情绪中，也无意提出这样的要求。因此，当时我希望德国能接受协约国的通知，并尽最大努力服从它，相信无论报纸怎么说，整个世界都并非不合理、不公正；时间是治愈者和点灯人；在欧洲和美国能够明智和仁慈地完成战争的经济解决方案之前，我们还需要等一段时间。

附记一　煤炭

煤炭问题对于赔偿来说总是相当重要的，这是因为（尽管《和约》有些夸大）煤炭是德国可以支付的重要形式，这也是因为煤炭交付对德国国内经济的反作用。直到1921年中期，德国的赔偿几乎完全以煤炭的形式支付。煤炭是斯帕大会的主要议题，在那里，协约国政府和德国政府首次面对面会晤。

根据《和约》的规定，德国每月将交付340万吨煤。由于《和约的经济后果》（第74—89页）中详细解释的原因，这个总数只是一个华而不实的数字，无法实现。因此，在1920年第一季度，赔偿委员会将其要求减少到每月166万吨，第二季度减少到每月150万吨，而第二季度德国实际交付了77万吨。这个最后的数字太低了，到后来，全世界煤炭供应短缺，价格非常昂贵。因此，《斯帕煤炭协议》（Spa Coal Agreement，下称《斯帕协议》）的主要目标是确保法国获得的德国煤炭增加。

这次会议成功地获得了煤炭，但条件对德国并不坏。经过多次讨价还价,交付量定为6个月内(从1920年8月起)每月200万吨。但德国代表成功地说服了协约国,除非他们的矿工得到更好的食物,否则他们无法保证这一交付,这意味着需要外国信贷。因此,协约国同意向德国**支付**一笔可观的煤炭费,这笔钱将用于从国外为矿工购买额外的食品。从形式上讲,这样支付的款项中较大一部分是贷款。但是,由于这笔款项从赔偿交付物(例如船舶)的价值中优先扣除,所以,实际上相当于协约国向德国返还了交付物的部分价值。根据这些安排,德国的总现金收入[①]实际上达到了约3.6亿金马克,[②]每吨煤炭的平均交付约合40先令。因为当时德国国内价格从每吨25先令到30先令,所以,德国政府的外币收入远远超过了他们不得不支付给国内生产商的煤炭费用。每月高达200万吨的煤炭交付导致德国运输部门和工业部门的供应短缺。但是这笔钱却是亟需的,在1920年秋冬期间这笔钱为德国的食品计划提供了最大的帮助(也有助于偿还德国的战前债务)。

这是一个方便记录煤炭交付历史的地方。在接下来的6个月里,德国几乎完成了《斯帕协议》规定的每月200万吨的交付量:8月到1921年1月分别为205.5227万吨、200.8470万吨、228.8049万吨、191.2696万吨、179.1828万吨和167.8675万吨。1921年1月底,《斯帕协议》失效,自那时起,德国不得不在没有任何付

---

① 根据《斯帕协议》(见附录一),对于交付的所有煤炭,应向德国支付每吨5金马克的现金,如果是**陆运**煤炭,则"借出"(即从赔偿收入中预付)德国内陆价格与英国出口价格之间的差额。在斯帕会议召开之日,这一差额约为每吨70先令(100先令减去30先令),但如果**海运**煤炭的数量未定,则不需要预付这笔款项。协约国按比例进行了预付,法国占61%,英国占24%,比利时和意大利占15%。

② 有关这些支付的细节,见(原书)第133页。

第二章 从《凡尔赛和约》的批准到《伦敦第二次最后通牒》

款或预付现金的情况下继续交付煤炭。为了弥补《斯帕协议》下累积的赤字，赔偿委员会要求德国在2月和3月每月交付220万吨，并在随后几个月继续交付这一数量。然而，和其他许多事情一样，这种要求也只是纸上谈兵。德国未能履行，在接下来的6个月（1921年2月到7月）里，德国的实际交付量分别为：188.5051万吨、141.9654万吨、151.0332万吨、154.9768万吨、145.3761万吨和139.9132万吨。而赔偿委员会并不真的想要煤，悄声无息地默许了上述数量。事实上，在1921年上半年，6个月前的情况发生了显著的逆转。尽管发生了英国的煤矿罢工，法国和比利时在补充了库存、钢铁贸易萧条的情况下，仍面临着煤炭供应过剩的风险。如果德国完全遵守了赔偿委员会的要求，那么接受国将不知道如何处理这些煤炭。尽管如此，一些收到的煤炭被卖给了出口商，法国和比利时的矿工也面临着就业不足的危险。

德国矿井现在的煤炭总产量统计数字如下，不包括阿尔萨斯-洛林（Alsace–Lorraine）、萨尔（the Saar）和帕拉蒂特（the Palatinate），单位为百万吨：

	1913年	1917年	1918年	1919年	1920年	1921年（前9个月）
德国（不包括上西里西亚）	130.19	111.66	109.54	92.76	99.66	76.06
德国（包括上西里西亚）	173.62	154.41	148.19	117.69	131.55	100.60
占1913年产量的百分比	100.00	88.90	85.40	67.80	75.70	77.20

粗褐煤的产量（我不会冒争议之险，试图将其转化为矿井煤当

量）从 1913 年的 8 710 万吨增加到 1919 年的 9 380 万吨、1920 年的 1.116 亿吨和 1921 年前三个季度的 9 080 万吨。

《斯帕协议》暂时缓解了影响所交付煤炭**价格**的反常条件，所交付煤炭按该价格存入德国账户。但随着该协议的终止，煤炭的交付再次需要关注。根据《和约》，在**陆路**运输煤炭的情况下，应按"德国向其国民支付的坑口价"加上到边境的运费存入德国；如果是**海运**煤炭，则应按出口价格存入；前提是两种情况下，该价格都不超过英国的出口价格。由于各种内部原因，德国政府原以为应该将支付给国民的坑口价格维持在远低于世界价格的水平上，结果却导致存入德国的赔偿煤炭交付价值远远低于其实际价值。截至 1921 年 6 月的一年内，各种煤炭的平均法定最高价格约为每吨 270 马克，其中包括 20% 的从价税，[①] 按当时盛行的汇率折算约为 20 先令，即德国煤炭价格在当时为英国价格的 1/3 至 1/2 之间。1921 年秋季，马克的贬值增加了这种差异。尽管德国煤炭的纸马克价格大幅上涨，英国煤炭价格大幅下跌，但汇率变动的影响却远远大于其他因素，结果 1921 年 11 月，英国煤炭的价格大约是鲁尔最优烟煤价格的三倍半。因此，不仅德国的钢铁巨头在与英国生产商竞争时处于有利地位，而且比利时和法国的工业也通过其政府获取廉价煤炭而人为受益。

德国政府在这一问题上真是进退两难。增加煤炭税是增加财政收入最明显的来源之一。从国库的角度来看，煤炭税带来双重好处，因为它还会相应地增加存入的赔偿额。但另一方面，该提议将

---

① 这一非常有价值的税收首次征收于 1917 年，1920—1921 年共收入 45 亿马克。

两个团体联合起来反对他们,一个是想将廉价煤用于工业的实业家,另一个是将廉价煤用于家用炉灶的社会主义者。从税收的角度看,税收可能会从20%提高到60%;但从政治的角度看,从20%提高到30%是目前考虑的最高水平,增税后的差别价格有利于国内消费者。[①]

我借此机会对《和约的经济后果》中有关煤炭问题的段落作一些更正或扩展。

1. 上西里西亚的命运与《和约的经济后果》(第77—84页)第四章关于煤炭的一些结论高度相关。我在那里阐述:"德国当局声称,根据选举的投票结果判断,三分之一的人会为波兰的利益而选举,三分之二的人会为德国人投票,这一点并非没有矛盾。"结果,这一预测几乎与事实毫厘不爽。我还敦促,除非公民投票以我意想不到的方式进行,否则工业区应该划归德国。但是,考虑到法国的政策,我对这样做没有信心;因此,在我的数字中考虑了德国失去这一地区的可能性。

协约国的实际决定,是根据国际联盟理事会对所提交问题的建议做出的,我们已经在上文简要讨论了这一决定。该决定将工业三角区划分给两个索赔人。根据普鲁士贸易部的估计,上西里西亚煤炭储量的86%归波兰所有,14%归德国所有。德国在实际运营中保留了较大比例的矿井,目前煤炭产量的64%落入波兰,36%落入德国。[②]

[①] 沃思(Wirth)博士的第一届政府拟定了一项草案,将税率提高至30%,但有权暂时将税率降低至25%。据估计,30%的税收将带来92亿马克的收入。

[②] 该机构估计,上西里西亚85.6%的锌矿产量和所有锌冶炼厂都归波兰所有。

《和约的经济后果》对德国近期煤炭**净**产量（即扣除矿山本身的消费量）的估计是 1 亿吨，这一数字**不包括**上西里西亚，因此，如果**包括**德国现在保留的上西里西亚这部分地区，这一数字应该改为（比如说）1.15 亿吨。

2. 请允许我更正《和约的经济后果》第 79 页脚注中的一段误导性内容。我在那里提到了"波兰战前的煤炭年需求量"，我应该说的是"战前波兰的战前年需求量"。这一错误并不严重，因为我在正文中考虑了德国因领土丧失而减少的煤炭需求量。但我承认，该脚注在发表时可能被视为误导。同时，我认为，那些党派批评家本应贪婪地咬住脚注中"波兰"之前遗漏"战前"一词的问题不放，这也是对《和约的经济后果》总体准确性的赞扬。围绕这一问题已经出现了相当多的文献。《波兰饮食》(the Polish Diet) 于 1921 年 1 月 20 日对这个脚注进行了讨论和爱国主义分析，并以一项决议结束。决议要求由国家出资，在全世界以多种语言发表当时的重要讲话——副议员维尔兹里基（A. Wierzlicki）的讲话。我对波兰马克的贬值表示歉意，可能是我无意中造成的。维尔兹里基先生开始说："凯恩斯出版了一本书……他写了一本关于印度的名著，印度是英国皇冠上的明珠，那是英国人喜爱的研究课题。通过这样的研究，一个人可能会为自己赢得名誉和名声。"他这么说我，当然有点不道德。他总结道："但英国也必须相信事实！如果凯恩斯的书中充满了人道主义精神，并且理解了超越私利的必要性，如果凯恩斯

这一点很重要，因为战前上西里西亚占世界锌总产量的 17%。该地区的钢铁产量中，63% 落入波兰。我无法核对这些数字。一些当局将更高比例的煤炭划归波兰。

被实际数据所说服他做错了，他关于上西里西亚的思想给国家领导人和政治家造成了混乱，那么他也会亲眼看到，而且必须成为波兰的朋友，成为波兰发展西里西亚自然资源的一个积极因素。"我感谢如此慷慨和能言善辩的评论家引用更正的数字，这些数字如下：波兰的土地根据《和约》合并为新的波兰国家，在1913年消耗了1 944.5万吨煤，其中898.9万吨是该地区生产的，737万吨是从上西里西亚进口的（当年上西里西亚的总产量为4 380万吨）。[①] 在西里西亚公民投票前后，双方都有大量的宣传性文献。对于所涉及的经济问题，特别是波兰方面：维尔兹里基："上西里西亚的真相"；奥尔斯泽夫斯基："上西里西亚，问题的可解决性和对德国经济生活的影响"；以及"上西里西亚对波兰和德国各自的经济价值"；德国方面：西德尼·奥斯本，"上西里西亚人的疑问和德国的煤炭问题"，"上西里西亚问题"〔不同作者的论文，不全是德国方面的，配有精美地图，由西德尼·奥斯本（Sidney Osborne）编辑〕，还有舒尔兹-盖维尼茨（Schulz-Gavernitz）教授撰写的各种小册子和布雷斯劳（Breslau）商会散发的文件。

3. 我对德国交付赔偿煤的能力的观察在某些方面受到批评[②]，理由是我没有充分考虑德国通过更密集地开采褐煤所获得的补偿。这种批评几乎是不公平的，因为我是第一个在公开争论中提请注意褐煤因素的人，而且我从一开始就谨慎地否认自己是这一问题的专

---

① 这些数字来源于波兰当局。但是，很难获得一个国家准确的战前数字，因为该国家与战前任何国家的版图都不一致；而且这些总数已经受到肖特（Schotte）博士的详细质疑。

② 参见《泰晤士报》上我与布伦尼（Breniey）先生的争论。

家。[1] 面对相互矛盾的专家意见,我仍然很难知道如何重视这一问题。自停战以来,煤炭产出大幅度增长,1921年上半年比1913年高出36%。[2] 鉴于煤炭的严重短缺,这一产出对应付这一局面一定有实质性的帮助。矿床接近地表,生产不需要大量的资金或机械。但是褐煤只是在某些用途上能代替煤,关于进一步大规模扩张是否经济可行,证据是相互矛盾的。[3]

粗褐煤的成型过程可能是一个浪费的过程,是否值得建立一个**新的**工厂,以期更大规模的生产是值得怀疑的。一些权威人士认为,褐煤的真正未来,还有其作为德国未来财富要素的价值,在于改进其**蒸馏**方法(与其他用途一样,褐煤的主要障碍在于其高含水量),通过这种方法,褐煤中潜在的各种油、氨和汽油都可被释放出来用于商业用途。

当然,褐煤的未来发展前景不容忽视。但是,目前有一种趋势,就像不久前的钾肥一样,大大夸大了它作为德国财富生产能力决定性因素的重要性。

---

[1] 在《和约的经济后果》第92页,我写道:"必须特别提醒读者,上述计算不考虑德国的褐煤产量……我无法说明煤炭的损失在多大程度上,可以通过扩大使用褐煤或通过其目前的就业经济来弥补;但一些当局认为,德国可以通过更多地关注其褐煤储量来获得对其煤炭损失的大量补偿。"

[2] 也就是说,1921年年中的产量大约为每年1亿2千万吨。当时法定最高价格是每吨60个纸马克(即,5先令,或者更少);因此,以货币计算的这一产出带来的**国家利润**,不可能是一个非常可观的数额。

[3] 为了保证产量的增加,矿工人数的增加远远超过了比例,即从1913的59 000人增加到1921年上半年的171 000人。因此,褐煤生产成本的增长速度远高于煤炭。此外,由于其热值远低于单位重量的煤(即使是成型的),除非在矿区附近的有限区域内有优惠的运费,它才能与煤炭竞争。

附记二　占领莱茵河以东德国的合法性

1920年和1921年，法国军队一直在莱茵河以东的德国出入，造成了威胁。1920年3月法国未经协约国同意，就占领了法兰克福和达姆施塔特。1920年7月，协约国全体一致威胁入侵德国，从而成功地强行签订了《斯帕协议》。1921年3月，类似的威胁未能使《巴黎决定》获得同意，因此杜伊斯伯格(Duisberg)、鲁略特(Ruhrort)和杜塞尔多夫(Düsseldorf)被占领。尽管遭到其盟国的反对，法国继续占领，在接受《伦敦第二次最后通牒》后，原来的占领理由已经消失。法国现在的理由是只要上西里西亚问题尚未解决，福煦元帅就认为保留这一控制权也不为过。[①]1921年4月，法国政府宣布打算占领鲁尔，但由于其他协约国的压力，他们无法实现这一目标。1921年5月，《伦敦第二次最后通牒》因为占领鲁尔山谷的威胁而成功执行。因此，在一年多一点儿的时间里，越过莱茵河对德国的入侵威胁共五次，实际上入侵了两次。

我们应该跟德国和平相处，和平时期入侵一个国家是不正常的行为，即使被侵略的国家无力抵抗。我们还必须遵守国际联盟的规定，避免这种入侵。然而，法国的观点（很显然，英国政府的观点也时不时地这样认为）是，只要德国在《和约》的任何部分存在技术性违约，也就是说，任何时候《和约》的某些部分都没有按字面来履行，

---

① 在1921年8月的巴黎会议上，柯松勋爵试图说服法国放弃这一非法占领，但没有成功。所谓的"经济制裁"是在1921年10月1日提出的。占领仍在继续，尽管上述两个借口现已消失。

这些入侵行为在某种程度上就是《凡尔赛和约》所允许的。特别是1921年4月,法国政府坚持认为,只要德国拥有任何能够移交的有形资产,就是自愿不履行赔偿义务,如果德国自愿违约,任何协约国都有权入侵和掠夺其领土而不会犯战争罪。上个月,协约国全体一致认为,除赔偿一章外,对《和约》其他各章规定的违约所导致的入侵都是正当的。

虽然现在对合法性的尊重很不够,但《和约》的合法地位仍然值得确切审查。

《凡尔赛和约》明确规定德国违反**赔偿**一章的行为。它没有对违反其他章节的行为做出特别规定,因此,此类违反行为与违反任何其他条约的行为完全相同。因此,我将分别讨论赔偿违约和其他违约。

赔偿一章附件二的第17节和第18节,内容如下:

"(17)如果德国不履行本《和约》本部分规定的任何义务,委员会将立即向每一个有利害关系的国家发出违约通知,并就因违约而采取的行动提出其认为必要的建议。

(18)协约国和相关国家在德国自愿违约时有权采取的、德国同意不视为战争行为的措施,可包括经济和财政上的禁令和报复,以及一般情况下各国政府可能认为有必要采取的其他措施。"

《和约》第430条还规定,如果德国不履行赔偿义务,已经撤离的被占领地区的任何部分都可以被重新占领。

法国政府的论点基于第18节中的"以及一般情况下的其他措施",法国认为这给了他们完全的自由。然而,从整体上看,基于**一般性**原则,这句话支持这一解释,即所考虑的其他措施具有经济和财政上的报复性质。这一观点得到了以下事实的证实：《和约》的其余部分严格限制了占领德国领土的权利，正如塔迪厄先生的书所阐明的那样，这是法国与其同伙在和平会议上意见严重分歧的主题。文件里**没有**关于占领莱茵河**右岸**领土的规定；关于违约时占领的唯一规定载于第430条。如果法国的观点是正确的，那么规定违约时**重新占领左岸**的条款就完全没有意义和必要了。事实上，在未来30年的任何时候，任何协约国都可以以德国没有履行《和约》的某个小细节为理由入侵德国的任何地区，这种理论表面上看是不合理的。

然而，无论如何，赔偿一章附件二的第17、18节只有在赔偿委员会制定了具体程序之后才能生效。赔偿委员会有责任向每一个有利害关系的国家发出违约通知，其中可能包括美国，并建议采取行动。如果违约是自愿的（没有关于由谁来决定这一问题的规定），那么相关段落就开始生效。但这里没有一个协约国单独行动的授权。实际上，到目前为止，赔偿委员会也从未实施过这一程序。

另一方面，如果德国被指控对《和约》的其他章节违约，那么协约国除了诉诸国际联盟外，别无选择；他们有义务实施《盟约》（the Covenant）第17条，该条规定了联盟成员国与非成员国之间发生争端的情况。也就是说，除了上述赔偿委员会的程序外，违反或被指控违反本《和约》的行为与违反和平时期两个大国之间的任何违反其他条约的行为，处于完全相同的地位。

根据第17条，如果联盟成员国与非成员国之间发生争端，后者"应被邀请在理事会认为公正的条件下，为解决这一争端的目的接受加入联盟的义务。如接受邀请，应适用第12至16条的规定，但须做出理事会认为必要的修改。理事会发出邀请后，应立即对争端情况进行调查，并建议采取在有关情况下看来最好和最有效的行动。"

除其他事项外，第12至16条规定了任何以下情况的仲裁，"关于《和约》解释的争端；关于国际法的任何问题；关于任何事实的存在，如果成立，将构成违反任何国际义务；或关于因任何违约要赔偿的范围和性质"。

因此，作为《和约》和《盟约》签署国的协约国，在德国违反或被指控违反《和约》的情况下，除非根据上述给予赔偿委员会的权力，或根据《盟约》第17条，否则绝对不得进行诉讼。他们的任何其他行为都是非法的。

在任何情况下，根据第17条，在德国与协约国之间发生争端时，联盟理事会都**有义务**邀请德国为了解决争端的目的，而接受加入联盟的义务。联盟理事会要立即对争端情况进行调查。

我认为，德国政府1921年3月向国际联盟理事会提出的抗议是正确的。但是，正如将养老金列入赔偿账单一样，在其他国家有过错时，我们保有对国家间非法行为的全部愤慨。有人告诉我，反对这一点就是忽视了"人的因素"，因此既错误又愚蠢。

第三章 伦敦方案的负担

1921年5月5日协约国跟德国沟通，加之在几天后被德国接受的赔偿解决方案，构成了《和约》的最终方案。根据该方案，德国今后两代将履行其赔偿责任。[①] 这一方案不会持久的。但这是当今的既成事实，因此值得审视。[②]

方案分为三个部分，包括(1)债券交付条款；(2)在柏林设立联合担保委员会的条款；(3)实际支付现金和实物的条款。

1. 债券的交付。这些条款是《和约》中类似条款的最新变体。协约国财长们鼓励自己（或他们的选民），希望德国的部分债务资本预计可能会通过向私人投资者出售债券来获得，这些债券以未来赔偿金为担保。为此，德国有必要交付可转让债券。这些债券不会对德国构成任何**额外**的负担。它们只是关于所支付款项的所有权文件，该款项是德国根据其他条款，每年应向赔偿委员会支付的。

协约国推销这种债券的好处是显而易见的。如果他们能卖掉

---

① 序言部分指出，方案是"根据《凡尔赛和约》第233条"。该条款规定，付款计划应设定在30年内清偿债务，期末未付余额被"延期"或"另行处理"，但在实际方案中，最初的30年期限被忽略。

② 该方案全文印在下面的附录7。

这些债券，他们就会将德国违约的风险推给别人；他们会使全世界许多人跟德国不违约利益相关；他们也会得到其预算紧急需要的实际现金。但希望是虚幻的。当最终达成真正的解决方案时，德国政府可能会筹集一笔数额适中的国际贷款，恰在世界对其最低支付能力的估计之内。不过，尽管世界上有愚蠢的投资者，协约国仍乐观地相信，有这么多投资者愚蠢到在这一刻发放巨额贷款。目前，法国要想在纽约市场上筹集一笔规模不大的贷款，其成本约为10%。由于建议的德国债券将附带5%的利息和1%的偿债基金，因此，在获得10%的收益率（包含赎回）之前，有必要将价格降至面值的57%。因此，期望以票面价值一半以上的价格出售债券，将是非常乐观的。即便如此，世界也不太可能将其现有储蓄的很大比例投资于这些债券，因此即使是下文所述的A债券，也无法以这个价格全部出售。此外，只要所发行债券的收益在德国支付能力的**最低**预期范围内（正如它必须的那样），协约国发行债券与他们以上述利率借款对协约国的财政影响几乎一样。因此，除了那些信用低于德国的协约国，发行债券与靠自己的信用借款相比，优势并不是很大。①

因此，与债券有关的细节不太可能有用，也不必认真对待。它们真的是和平会议时期伪装的遗物。简而言之，安排如下：

德国必须交付A债券120亿金马克（30亿美元）、B债券380亿金马克（95亿美元），以及债务余额临时估计为820亿金马克（205

---

① 单一协约国（例如葡萄牙）无权要求其持有的债券份额，也无权以可获得的最佳价格销售。根据《凡尔赛和约》第八章附件二13(b)，有关销售这些债券的问题只能通过赔偿委员会的**一致**决定来解决。

亿美元)的C债券。所有债券都附带5%的利息和1%的累积偿债基金。A、B、C债券的系列收益分别构成可用资金的第一次支付、第二次支付和第三次支付。A债券自1921年5月1日起向赔偿委员会发行，B债券自1921年11月1日起发行，但是，C债券将不会发行（同时也不会计息），除非赔偿委员会认为德国根据新的赔偿方案支付的款项足以提供C债券的收益。

值得注意的是，A债券的收益每年为1.8亿美元，这一金额在德国的承受能力范围内。而B债券的收益每年为5.7亿美元。总计7.5亿美元的金额超出了我自己对支付可行性的预期，但不超过一些独立专家给出的数字，他们的意见值得尊重，他们已经估计了德国可能的支付能力。我们还可以注意到，A和B债券的总面值（125亿美元）与德国政府同意（在其转交给美国的反提案中）并被评估的债务总额相符。不管怎样，C债券迟早都会被推迟并且取消。

2. 担保委员会。这一新机构将在柏林常设办事处，其形式和地位都是赔偿委员会的一个小组委员会。它的成员包括赔偿委员会的协约国代表，如果美国同意提名的话，[①]还有一名美国代表。《和平条约》赋予赔偿委员会的各种广泛而不确定的权力也赋予了担保委员会，以全面控制和监督德国的金融体系。但它的确切功能，在实践中和细节上，仍然是模糊的。

根据其章程，担保委员会可能着手执行困难又危险的职能。应

---

① 当有足够比例的债券在中立的股票交易所上市时，委员会将召集三名保持中立的代表。

以委员会的名义开立账户，**以黄金或外币**向该账户支付超过德国海关收益的款项、所有出口价值的 26% 以及可作为支付赔偿"担保"的任何其他税收收益。然而，这些收入主要不是以黄金或外币累计的，而是以纸马克累计的。如果委员会试图监管这些纸马克与外币的兑换，那么它实际上就要对德国的外汇政策负责，而如果不监管的话，德国的外汇政策会更加谨慎。如果委员会没有监管货币的兑换，就很难看出"担保"对德国以外币支付的其他约束条款有什么真正的补充。

我怀疑，担保委员会的唯一真正有用的目的是作为**柏林**赔偿委员会的一个办事处，这是一个非常必要的附属机构；关于"保证"的条款仅仅是另一个借口，在所有这些协议中，政治要求与财政规定混合在一起。尤其是在法国，多谈论"保证"是很平常的，很明显，"保证"意味着确保不可能的事情会发生的某种手段。"保证"与"制裁"是两码事，当白里安先生在伦敦第二次会议上被指控软弱无能并放弃法国的"真正保证"时，这些条款使他能够愤怒地否认指控。他可以指出，伦敦第二次会议不仅设立了一个担保委员会，而且将德国海关作为一项新的额外担保。关于这个问题再没有回应！①

3. 以现金和实物支付的条款。债券和担保是器具和咒语。我们现在来谈谈方案的实质部分，即关于支付的规定。

德国将在每年进行如下支付，直到其总债务清偿完毕。

---

① 这确实是对福格特（Forgoot）先生这样的代表的充分反驳。如果一个党派或一个孩子想要一个愚蠢有害的东西，也许最好用一个愚蠢无害的东西来满足他，而不是向他解释其无法理解的东西。这是政治家和保姆的传统智慧。

（1）20亿金马克。

（2）相当于其出口价值26%的金额，或根据德国提出并被委员会接受的任何其他指数而确定的同等金额。

（1）中的金额在每年1月15日、4月15日、7月15日和10月15日按季度支付，（2）中的金额在每年2月15日、5月15日、8月15日和11月15日按季度支付。

这一数额是根据对德国出口产品未来价值的合理估计而计算的，大大低于《和约》最初的要求。根据《和约》，德国的总债务为1380亿金马克（包括对比利时的债务）。按5%的利息和1%的偿债基金计算，每年将支付82.8亿金马克。根据新的计划，德国要承担这么多债务，其年出口额必须上升到240亿金马克这一不可思议的数字。我们将在下面看到，在不久的将来，新方案制定的可能债务估计不超过《和约》中债务的一半。

在另一重要方面，《和约》的要求大大减少。《和约》包括一项决定性条款，规定德国早期无法付息的名义债务将以复利进行滚动。[①] 新方案中没有这一条款。在德国收入足够支付利息之前，C债券不会计息。与欠息有关的唯一条款是在德国支付后出现盈余时支付**单利**。

为了理解这一方案所代表的巨大进步，有必要将我们的思绪带回不久前盛行的观点。下表很有意思，为了将资本总额和年度支付额简化为可比较的形式，资本总额的估计用6%的年金取代：

---

① 《和约的经济后果》第165—167页讨论了这一条款的效果。

估计	以十亿金马克表示的年金形式
1. 康利夫勋爵（Lord Cunliffe）在1918年英国大选时给出的数字①	28.8
2. 克洛茨在法国议会上的预测，1919年9月5日	18
3. 赔偿委员会的评估，1921年4月	8.28
4. 伦敦方案，1921年5月	4.6②

《和约的经济后果》(1919年)中的估计为20亿金马克，与克洛茨的180亿金马克几乎是同时出现的。塔迪厄回顾说，在和平会议审议是否能在《和约》中加入一个明确数字时，为应付美国代表所施加的压力，作为一种妥协，英国和法国总理愿接受的最低数字相当于108亿金马克的年金，③这一数字几乎是两年后他们在事实(不是美国人)压力下所接受数字的2.5倍。

伦敦方案还有另一个特点，即推荐采取中立意见。付款日期如此安排是为了减轻德国第一年的负担。赔偿年度为每年5月1日至次年4月30日。但在1921年5月1日至1922年4月30日期间，与出口比例有关的季度付款，只有2笔而不是4笔到期。

因此，毫不奇怪，与之前的方案相比，这一方案本身是很合理的，因而得到普遍认可，并被广泛接受为一种真正、永久的方案。尽管它目前很重要，作为和平的维护者，作为提供喘息之机和摆脱愚蠢期望的过渡手段，但它不能成为一个永久的解决方案。与所有

---

① 参见 Baruch, *The Marketing of Reparation and Economic Section of the Treaty*, p. 46; and Lamont, *What Really Happened at Paris*, p. 275。

② 假设出口额为100亿金马克，这是1920年实际数字的两倍。

③ 关于合约的真相见 p. 305。

之前的方案一样,这必然需要修正的临时举措。

为了计算总负担,我们有必要估计德国的出口价值。1920年,德国出口价值达到了约50亿金马克。1921年,出口量会更大,但是金价下跌到不到原来的2/3,二者相抵,因此,自1921年5月1日开始的这一年,初步预测40至50亿金马克已经相当高了。[①]当然,很难对以后几年进行精确估计。这些数字不仅取决于德国经济的复苏情况,而且取决于国际贸易的总体状况,尤其是黄金价格。[②]在接下来的两三年里,如果我们要做出一个估计,在我看来,60亿到100亿金马克是最好的。

出口额60亿金马克的26%,相当于15亿金马克,再加上固定年付款20亿金马克,总共为35亿金马克。如果出口额上升到100亿金马克,相应的数字是45亿金马克。下一页显示了近期的付款表,所有数字的单位都是亿金马克。以1922年5月1日以后的付款为例,我分别基于60亿和100亿金马克的出口额,给出两种估算。

并非所有这些款项都需要以现金支付,实物交付的价值将存入德国账户。据估计,这一项目每年高达12亿至14亿金马克。这一结果将主要取决于(1)交付煤炭的数量和价格,以及(2)法国和德国之间谈判成功的程度,即德国为修复灾区所需的材料供应问题。

---

① 1921年5—10月,6个月的出口价值约为400亿纸马克(我认为,不包括对协约国的煤炭和实物交付),而进口价值为530亿纸马克。如果将月度出口数据按该月平均汇率换算成金马克,则6个月的出口约为18.65亿金马克,或按每年不到40亿金马克的金额来计算。

② 在《和约的经济后果》第203页中,我明确提出了一个前提,即我的估算是基于与我写作之日相差不大的货币价值。从那以后,价格涨了又跌。就目前的估计数而言,同样的附带条件是必要的。如果在确定德国以货币计量的长期债务时,根据支付期货币价值的波动来调整其实际负担,做出这样的规定会更加实际。

交付煤炭的价值取决于上文已经讨论过的因素,煤炭价格主要由德国国内价格决定。以每吨 20 金马克的价格和每月 200 万吨的交付量来计算(这两个数字在不久的将来都不可能超过,甚至都不可能达到),每年煤炭的价值将达到 4.8 亿金马克。在《卢梭-拉特瑙协定》(Loucheur-Rathenau Agreement)[①]中,未来五年向法国交付的实物(包括煤炭)价值估计为每年 14 亿金马克。如果法国收到 4 亿金马克的煤炭,那么不超过交付总量的 35% 将被存入德国赔偿账户。如果这一点实现了,实物交付总量可能接近 10 亿金马克。但是,由于各种政治和经济原因,这一数字不可能达到,如果每年的煤炭和用于重建的实物交付为 7.5 亿金马克,这应该被认为是一个非常令人满意的结果。

	1921—1922 年 (出口额 40)	1922—1923 年及 以后(出口额 60)	1922—1923 年及 以后(出口额 100)
5月25日	10.0	3.9	6.5
7月15日		5.0	5.0
8月15日		3.9	6.5
10月15日		5.0	5.0
11月15日	2.6	3.9	6.5
1月15日	5.0	5.0	5.0
2月15日	2.6	3.9	6.5
4月15日	5.0	5.0	5.0
合计	25.2	35.6	46.0
按 1 美元 = 4 金马克折合为等值美元	6.3 亿美元	8.9 亿美元	11.5 亿美元

现在,付款的安排使 1921 年期间没有克服不了的困难。1921

---

① 见附记三。

年8月31日的分期付款（不超过德国人自己在1921年4月的反提案中提出的立即付款数额）已如期支付，部分来自去年5月1日前累积的国外结余，部分来自通过出售纸马克换来的外汇，部分来自国际银行集团的临时垫款。1921年11月15日的分期付款包括1921年5月1日之后交付的煤炭和其他实物的价值，甚至1922年1月15日和2月15日的分期付款，如果德国政府能拿到这些款项的话，也有可能从进一步的交付、临时垫款和德国工业家的外国资产中支付。但是1922年4月15日的付款一定会出现更大的困难，而接下来5月15日、7月15日和8月15日的分期付款很快接踵而来。1922年2月至8月的某个时候，德国将不可避免地陷入违约。这是我们最大的喘息之机。[1]

也就是说，只要德国依靠当前的收入来付款（从长远来看，它必须这样做）就会有支付困难。如果资本、非经常性资源变得可用，上述结论将需要进行相应修改。德国还有一项重要的资本未动用——现在被扣押在敌人（美国财产保管人）手中的国民财产，其价值超过1亿金马克。如果这可以直接或间接地用于赔偿，违约就可能相应延迟。[2] 同样地，向德国提供大量的外国信贷，加上以德意

---

[1] 我在1921年8月首次发表了这一预测。在这本书付印之际，德国政府已经通知赔偿委员会（1921年12月15日），由于他们未能获得外国贷款，除了实物交付外，对于1922年1月和2月的分期付款，他们无法支付超过1.5亿或2亿金马克。

[2] 美国有权保留和清算1920年1月10日在美国领土，殖民地和财产中的德国国民的所有财产，权利和利益。这种清算的收益由美国"根据其法律法规"支配，也就是说，在宪法的限制范围内由国会支配，并且可以适用下列三种方式之一：(1) 所涉资产可返还其原德国所有人；(2) 它们可能适用于美国国民就他们在德国领土上的财产，权利和利益，或德国国民欠他们的债务而提出的索赔要求；它们可能被用于支付美国参战后因德国政府的行为而产生的索赔要求；它们可能被用于履行与美国交战的德国盟国的类似美国债权；(3) 根据本条规定，这些收益可移交给赔偿委员会，记入德国账户。

志银行的黄金为担保所提供的三个月信贷,也会使违约日期推迟一些,尽管从长远来看是没有用的。

在得出这一结论时,我们可以从三个角度来探讨这个问题:(1)德国外部支付问题,即出口和贸易余额问题;(2)税收支付问题,即预算问题;(3)所需金额占德国国民收入的比例。我将依次探讨这些措施,将自己的讨论限定在德国不久的将来会采取的行动,而不考虑假设德国在多年后可能会采取的行动。

(1)为了使德国能够进行国外支付,不仅要有出口,而且出口要超过进口有盈余。1920年是最后一个有数据的完整年度,到目前为止,还没有出现盈余,而是出现了赤字,出口价值约为50亿金马克,进口价值为54亿金马克。到目前为止,1921年的可得数据显示,贸易状况不是改善,而是恶化了。关于德国出口贸易正大幅度增长的神话流传甚广,给出1921年5月至10月这6个月换算成金马克的实际数字,可能有好处:

	百万纸马克		百万金马克[①]		
	进口	出口	进口	出口	净进口
1921年5月	5 487	4 512	374.4	307.9	66.5
1921年6月	6 409	5 433	388.8	329.7	59.1
1921年7月	7 580	6 208	413.7	338.7	75.0
1921年8月	9 418	6 684	477.2	334.8	142.2
1921年9月	10 668	7 519	436.6	307.7	128.9
1921年10月[②]	13 900	9 700	352.6	246	106.6
6个月合计	53 462	40 056	2 443.3	1 864.8	578.5

① 纸马克与金马克的兑换比率(每100金马克可折算纸马克的数量)如下:5月,1 465.5;6月,1 647.9;7月,1 832;8月,1 996.4;9月,2 443.2;10月,3 942.6。

② 暂定数字。

第三章 伦敦方案的负担

在这6个月内，德国必须支付固定金额10亿金马克加上上述出口额的26%，即4.848亿金马克，即总共14.848亿金币，相当于其出口额的80%左右；然而即使不考虑任何赔偿，德国的对外贸易**逆差**每年都超过10亿金马克。德国的大部分进口商品是其工业或国民食品供应所必需的。因此，可以肯定的是，在出口额为（例如）60亿金马克的情况下，德国不可能将进口额削减到出现35亿金马克贸易盈余的低水平，而这是为了偿付赔偿债务所必需的。然而，如果它的出口额上升到100亿金马克，其赔偿债务将变成46亿金马克。因此，为了偿还债务，德国必须**在一点不增加进口**的情况下，将出口价值提高到1920年和1921年的两倍。

考虑到时间和压倒性的动机，以及协约国对德国出口工业的积极援助，我并不是说这不可能；但在实际情况下，有人认为这是可行的或可能的吗？如果德国成功了，这种在没有进口平衡的情况下造成的大规模出口扩张，我们的制造商会不会将德国视为罪魁祸首？即使在1921年的伦敦方案中也应该如此，这是1918年英国大选中所公布荒唐数字的衡量标准，当时的数字又高出6倍。

（2）其次是预算问题。因为赔偿支付是德国**政府**的责任，必须用税收支付。在这一点上，有必要引入一个关于金马克和纸马克之间折算关系的假设。因为，虽然负债固定以金马克表示，但收入（或大部分）是以纸马克收取的。两者之间的折算关系波动很大，最好以纸马克的黄金价值来衡量。这种波动在短期比在长期更重要。因为从长远来看，德国的**所有**价值，包括税收收益，都会根据德国境外纸马克的升贬值进行调整。但这一过程可能非常缓慢，在一个预算年度中，黄金与纸马克兑换比率的意外波动可能会完全扰乱德国财政部的财政安排。

当然,1921年下半年这一波动的程度前所未有。以纸马克来衡量的税收在1美元兑50纸马克时很可观。而当1美元兑值200纸马克时,税收就变得非常不足,但任何财政部长都无权根据这种情况迅速调整税收。首先,当马克的对外价值迅速下降时,其对内价值的相应下降却远远滞后。这一调整可能需要相当长的时间才能完成,在进行该调整之前,以黄金衡量的国民的纳税能力比以前要低。但即便如此,在纸马克税收**收益**的黄金价值要追上之前,还必须再过一段时间。英国税务局的经验很好地表明,直接税的收益很大程度上取决于前一时期的应税评估。

由于这些原因,如果马克汇率持续崩溃下去,它必定会摧毁1921—1922年的预算使其难以恢复,而且有可能摧毁1922—1923年上半年的预算。如果我要根据1921年底的最新数字得出结论,那么我应该是夸大了自己的论点。当马克在流沙中沉没时,很难为一个人的论点找到任何可靠的支撑点。

1921年夏天,1金马克值20纸马克(取整)。以工薪阶层消费为目的的纸马克内部购买力仍然是其国外相应价值的近两倍,因此我们很难说均衡已经实现。尽管如此,与从那之后的情况相比,这已经调整得非常好了。正如我所写(1921年12月),金马克一直在45—60纸马克之间波动,而德国国内纸马克用于一般目的的购买力,可能是德国境外的3倍。

既然我的政府收支数字是根据1921年夏天的报表得出的,也许最好的办法就是取1金马克兑20纸马克这一汇率。这样做的结果是低估了我的论点,而不是相反。读者请记住,如果马克保持当

第三章 伦敦方案的负担

前的汇率足够长的时间，使其对内价值能够调整到这一水平，那么下列账户中的项目，收入、支出和赤字都将会增加到3倍。

按照这一汇率(20纸马克＝1金马克)，35亿金马克(假设出口规模为60亿金马克)的赔偿债务相当于700亿纸马克，45亿金马克(假设出口规模为100亿金马克)相当于900亿纸马克。德国在1921年4月1日至1922年3月31日财政年度预算支出935亿纸马克(不包括赔偿支付)，预算收入590亿纸马克。①因此，目前的赔偿要求本身将超过全部现有收入。毫无疑问，开支可以减少，收入也会有所增加。但是，除非支出减半，收入翻番，否则预算就连较低规模的赔偿都无法支付。②

如果德国1922—1923年的预算勉强能够平衡，**不考虑**任何赔偿条款，这将付出巨大的努力，取得相当大的成就。然而，除了技术上的财政困难之外，这个问题涉及的政治和社会方面还应引起注

---

① 一般收入和支出都估计为4 848万纸马克。非经常性开支估计为5 968万纸马克，合计总开支为1.0816亿纸马克。然而，这里面还包括1 460万纸马克的各种赔偿项目，这些项目是1921年5月1日之前的各种项目，不包括《伦敦方案》下的付款；但为了避免混淆，我已将这些项目从上述支出估算中扣除。非经常性收入估计为1 050万纸马克，总收入为5 898万纸马克。

② 到目前为止，我对占领军的费用不予考虑，根据《和约》的规定，德国有义务在适当的赔偿金之外支付这些费用。由于这些费用优先于赔偿，而且《伦敦协议》没有涉及这些费用，我认为德国有可能被要求在《伦敦方案》中确定的年金之外支付这些费用。但我怀疑协约国是否真的打算这样要求德国。到目前为止，协约国军队的开支是非常大，以至于几乎吸收了全部的收入(见下文的附记五)。到1921年中期，已达约10亿美元。无论如何，现在是时候让克雷孟索、劳合·乔治和威尔逊于1919年在巴黎签署的协议生效了，其结果是，一旦协约国"确信德国解除军备的条件得到了令人满意的满足"，德国每年用于支的占领费用的款项不得超过2.4亿金马克。如果我们假设这一减少的数字能够如期生效，那么在假定出口额较低的情况下，德国因为**被分离**和**被占领**的总负担将达到38亿金马克，即760亿纸马克。

意。协约国与新成立的德国政府打交道,与它讨价还价,并期待它履约。协约国并不直接从德国人身上榨取收入;他们对所谓的临时抽象政府施加压力,让它来决定哪些人应该支付,以及支付多少,并强制执行。即使根本没有赔偿支付,目前德国的预算也远未达到平衡,所以公平地说,德国还没有开始解决在不同阶级和不同利益之间分配这一负担的问题。

然而,这个问题是根本性的。当赔偿支付不是用金马克来表示,也不是作为一种暂时抽象实体的义务,而是转化为对特定个人确定金额的要求时,支付就呈现出不同的样子。还没有到这一阶段,等到此阶段时,我们才会感受到全部内在的困难。因为在这个阶段,这场斗争主要不再是协约国和德国政府之间的斗争,而是变成德国不同阶层、不同阶级之间的斗争。这场斗争将是痛苦的,充满暴力的,因为它将是各个竞争的利益之间生死攸关的斗争。最强有力的影响和自利自保的动机都将参与其中。有关社会目的和性质的冲突观念将表现出来。一个试图认真偿还债务的政府将不可避免地下台。

(3)赔偿需求与第三次偿债能力(即德国人民目前的收入)考察有什么关系?由于现在的人口约为6 000万,一笔700亿纸马克的债务负担(如果我们可以暂时采用这一数字作为我们计算的基础)相当于每人1 170马克(每个男人、女人和孩子都算在内)。

所有国家货币价值的巨大变化,都使我们很难在新的条件下以货币来估算国民收入。1920年布鲁塞尔会议根据1919年和1920年初的调查结果,估计德国人均收入为3 900纸马克。这个数字在当时可能太低了,而且由于马克进一步贬值,现在肯定更低了。《德意志日报》(Deutsche Allgemeine Zeitung)(1921年2月14日)的一位作家进行了工资的法定扣除额和所得税的统计，他得出人均收入为2 333马克。这一数字也可能太低，部分原因是统计肯定主要涉及较早的数字，那时马克贬值还不大，部分原因是所有这些统计数字必然会有隐瞒。另一个极端是阿尔伯特·兰斯堡(Albert Lansburgh)博士的估计，他在《模具银行》(Die Bank, 1921年3月)中暗示人均收入为6 570马克。[1]另一个最近的估计来自亚瑟·海辰(Arthur Heichen)博士在《佩斯特·劳埃德》(Pester Lloyd)(1921年6月5日)中的数字，他认为是4 450马克。在1921年8月各个季度发表的报纸文章中，我大胆采用5 000马克这一数字作为我可以做出的最接近的估计。在确定这一数字时，我受到了上述估计数的影响，也受到了有关薪金和工资总水平的统计数字的影响。从那以后，我进一步调查了这一问题，仍然认为这个数字对于当时来说已经足够高了。

我向美茵河畔法兰克福的莫里茨·埃尔萨斯(Moritz Elsas)博士咨询的结果使我更加坚定这一结论，在他的授权下，我引用了以下数据。对德国战前收入最著名的估计是赫弗里希(Helfferich)在《德国的财富》(Deutschlands Volkswohlstand)(1888—1913年)一书中的估计。在这本书中，他把1913年的国民收入定为400亿—410亿金马克，加上25亿金马克国有化企业(铁路、邮局等)的净

---

[1] "这一估计是基于男性员工每月约800纸马克的平均工资，女性每月约400纸马克的平均工资。"将这些数字按照12纸马克等于1金马克的比率换算，他得出国民总收入在300亿至340亿金马克之间。即使假设这些工资估算是正确的，我们也不太容易看出，这些工资估算如何得到如此高的总收入数字。

收入，也就是说，总共为430亿金马克，而人均为642马克。从410亿金马克这一数字开始（因为国有服务不再产生利润），再减去15%的领土损失，我们得到的数字是348.5亿金马克。我们应该用什么乘数来计算目前收入的纸马克数呢？1920年，商业雇员的平均马克工资是战前的4.5倍，而当时工人的名义工资增加的幅度比4.5倍还要高50%。也就是说，他们的工资是战前的6至8倍。根据德国国家统计局[《经济与统计》(Wirtschaft und Statistik)第4期，第1册]，1921年初，商业雇员中男性收入是1913年的6.67倍，女性收入是1913年的10倍。① 根据与1920年相同的增长比例，我们将工人的名义工资提高了10倍。1921年8月《法兰克福时报》(Franffurter Zeitung)对工资指数的估计为小时工资是战前的11倍，但是，由于工作时间从10小时减少到8小时，这些数字意味着实际工资增加了8.8倍。一方面由于男性商业雇员的工资增长低于这一数字，另一方面因为以纸马克表示的商业利润仅在特殊情况下达到这一增长数字，第三方面由于出租人、房东和专业阶层的收入增长比例要低得多，对当时（1921年8月）全国名义收入增长8倍的估计可能是高估而不是低估。根据赫弗里希战前的数字（348.5亿金马克），计算出1921年8月的国民总收入为2 788亿纸马克，人均收入为4 647纸马克。

在这里，不考虑因战争造成的壮年男子的人员损失，不考虑以前来自外国投资和商船的收入损失，也不考虑官员的增加。这些遗漏可以被军队人数的减少和女雇员人数的增加而抵消。

---

① 男性商业雇员是女性雇员的两倍。

第三章 伦敦方案的负担

目前经济状况极度不稳定，几乎不可能对这一问题进行直接的统计调查。在这种情况下，埃尔萨斯（Elsas）博士的一般方法在我看来是最好的。他的研究结果表明，上面的数字总体上是正确的，不太可能有大的错误。这也使我们可以给我们的数字设定一个合理的可能性上限。我想，没有人会认为，1921 年 8 月德国的名义收入平均为战前的 10 倍；而赫弗里希估计的战前收入的 10 倍是 6 420 马克。国民收入的统计数字**没有**非常精确的，但有一种说法认为，1921 年中期，德国人均年收入在 4 500 到 6 500 马克之间，而且可能更接近较低的数而不是较高的数（比如 5 000 马克），这与我们将要得到的事实差不多。

考虑到马克的不稳定性，这样的估计当然在任何时候都不成立，需要不断修正。然而，这一事实并没有像人们想象的那样干扰下面的计算，因为它在一定程度上影响了账户的两边。如果马克进一步贬值，以纸马克表示的人均收入将趋于上升，但同时因为赔偿负债是用**金马克**表示的，其等值纸马克也将上升。赔偿负担真正的减轻只能源于**黄金**价值的下降（即世界价格的上涨）。

关于赔偿费用，必须增加德国政府（中央和地方）的税收负担。如果不取消战争贷款和战争养恤金，最极端的经济体也几乎不可能使这一负担低于每人 1 000 纸马克（20 纸马克 =1 金马克），也就是说，总共 600 亿纸马克，这一数字大大低于目前的开支。因此，总的来说，5 000 马克的平均收入中的 2 170 马克，或 43% 将用于交税。如果出口额上升到 100 亿金马克，平均收入上升到 6 000 纸马克，相应的数字是 2 500 马克或 42%。

在某些情况下，在压倒性的利己动机驱使下，一个富裕的国家可能会背起这种负担。但是，每人5 000纸马克的年收入，按照汇率折算相当于62.50美元（20纸马克=1金马克），扣除税收后大约是35美元，也就是说每天不到10美分，1921年8月德国10美分的购买力相当于美国的20到25美分。[①]如果给德国一个喘息的机会，它的收入和相应的偿债能力都会增加；但在它目前的负担下，储蓄是不可能的，生活水平的下降倒是更有可能。历史上有这样的记载吗？即一个政府凭借其残酷的高压手段有效地从如此处境的人民那里榨取他们近一半的收入。

基于这些原因，我的结论是，尽管伦敦方案给了1921年底以喘息之机，但它不会比之前的方案更长久。

附记三 《威斯巴登协议》

1921年夏天，法国重建部长卢切尔先生（Loucheur）和德国重建部长拉瑟诺（Herr Rathenau）进行秘密会谈的报道，引起了人们极大的兴趣。1921年8月暂时达成了一项协议，最终于1921年10月6日[②]在威斯巴登签署，但这一协议直到得到赔偿委员会的批准才生效。赔偿委员会在批准其基本原则的同时，已将其提交给主要协约国政府，理由是该协议涉及违反《凡尔赛和约》，而这超出了委员会的授权范围。英国代表约翰·布拉德伯里（John Bradbury）爵士已向英国政府建议，该协议应在进行他提出的修改后获得批准。

---

① 有关德国境内纸币购买力的全面研究，请参阅艾尔萨斯先生（M. Elsas）在1921年9月《经济杂志》（*Economic Journal*）上的一篇文章。
② 本方案的摘要和其他相关文件见附录八。

他的报告已经发表。①

《威斯巴登协议》(The Wiesbaden Agreement)是一份复杂文件,但它的本质很容易解释。它分为两个不同的部分。首先,它建立了一个程序,法国私营企业可以从德国私营企业那里获得法国重建所需的物资,而法国不必支付现金。其次,它规定,虽然德国不会立即收到这些货物的付款,但只有一部分应付款项在赔偿委员会的账户立即存入德国,其余部分暂时由德国垫付给法国,并在以后才存入德国的赔偿账户。

第一组条款已经获得各方的无条件批准。这项安排可能会刺激以实际物资的形式支付赔偿金,以重建受灾地区。该安排以特别直接的方式满足了便利性、经济性和情感要求。但这种物资供应已经根据《和约》安排好了,这一新程序的主要价值在于,它通过法国和德国当局直接谈判取代赔偿委员会这一机构。②

然而,第二组条款有个不同的特征,因为它干扰了协约国之间的现有协议,即各协约国关于分享德国现有收入的顺序和比例,并且该规定试图为法国争取比它原本获得的更大份额的早期付款。在我看来,给予法国优先权是可取的,但这种优先权应作为全面重新安排赔偿的一部分,英国应完全放弃其索赔要求。此外,该协议涉及德国的令人怀疑的善意行为。它一直在强烈抗议(我相信,这

---

① 见附录八。

② 顺便提一下,《威斯巴登协议》规定了一个确定实物供应价格的程序,该程序比《和约》规定的更公平。根据《和约》,价格的确定由赔偿委员会全权负责。在《威斯巴登协议》中,这一责任被指派给一个仲裁委员会,该委员会由一名德国代表、一名法国代表和一名公正的第三方组成,该仲裁委员会将大体上以每季度法国现有价格为基础来确定价格,但该价格不得低于德国价格的5%。

是完全正确的),《伦敦决定》(Decisions of London)向它索取的超过它能支付的。但在这种情况下,自愿签订一项协议是不当行为,该协议必定(如果可行)会进一步增加其债务,甚至超出它所反对的债务范围。拉瑟诺先生可能会为自己的行为辩护,称这是用更明智的协议取代《伦敦决定》的第一步。而且,如果他能安抚德国最大、最紧急的债权人,也就是法国,就不用担心其他国家了。另一方面,卢切尔先生尽管不说,但也许和我一样清楚:《伦敦决定》是不能被执行的,制定更现实政策的时候到了。他甚至可能把他跟拉瑟诺先生的会谈,看作是莱茵河两岸商业利益之间更加亲密关系的预兆。但是,如果我们要追究这些因素,它们将带领我们进入不同的争论层面。

约翰·布拉德伯里爵士在向英国政府提交关于该协议的报告[1]中,提出了某些修改建议,这样就可以保留第一组条款的优点,但在可能损害法国盟友利益的情况下,第一组条款无效。

然而,我认为,人们过于重视这一问题了,因为根据《威斯巴登协议》或类似协议,实际交付的货物不太可能像所说的那样值**那么多钱**。《威斯巴登协议》的执行明确排除了《和约》第八部分附件中所述的煤炭、染料和船舶的交付,该协议明确限于设备和物资的交付,而且法国保证这些交付仅适用于重建受灾地区。为了这一特定目的(其中很大一部分成本必然是花在现场雇佣的**劳动力**,而不是花在能从德国进口的物资),在接下来的五年里,法国公司和个人打算以全价从德国订购并且德国能够供应的货物数量,不可能值

---

[1] 见附录八。

第三章 伦敦方案的负担

很多钱,让其他协约国认为法国不应得到这么多钱作为优先权。

我的另一个保留意见涉及《威斯巴登协议》作为与其他协约国达成类似安排的先例的所谓重要性,并提出了一个普遍问题,即确保德国应以实物而不是现金支付用地受灾地区以外的其他目的这一安排有效。

人们普遍认为,如果我们对德国的索赔得到满足,不是通过支付现金而是通过交付我们自己选择的特定商品,我们就可以避免德国产品在世界市场上与我们自己的产品进行竞争。如果我们强迫它通过降价销售商品到国外去赚取外汇,那就必然会引起上述产品的竞争。[1]

大多数赞成以实物支付给我们的建议都太含糊了,不值得批评。但他们通常会感到困惑,直接以实物支付对我们有好处吗?甚至支付德国无论如何都可能出口的物品,例如,《和约》关于实物交付的附件主要涉及煤炭、染料和船舶。这些物品当然不符合不与我们自己的产品竞争的标准,我看不到什么好处。但另一方面,协约国直接接受这些货物,而不是让德国在最好的市场上出售这些货物并支付收益,这样做会带来一些损失和不便。尤其是在煤炭方面,如果德国在最好的市场出售获得现金,无论是向法国、比利时,还是向邻近的中立国出售,然后将现金支付给法国和比利时,而中立国正好需要煤炭,协约国真正需要的是等值现金,这比将煤炭交付给协约国(可能并不急需)或通过不经济的运输来交付要好得多。协约国将德国交付的煤炭再卖出去这一程序在运费占总价值很大

---

[1] 我在第六章讨论这个问题的理论方面。

比例的情况下就是荒谬的浪费。

如果我们试图规定德国应向我们交付的确切商品，就不能从它那获得这么大一笔钱，就好像我们在它的能力范围内固定了一个合理数额，然后让它尽最大努力找到这笔钱。而且，如果固定的数额是合理的，那么每年的付款就不会在国际贸易总额中占那么大的比例，使得英国担心这些付款会破坏其经济生活的正常平衡，而这种破坏程度比战前德国这样强大贸易对手的经济逐步复苏所造成的破坏程度要严重。

虽然我是为了科学的准确性发表这些看法，但我承认，在政治上，这些坚持实物支付的方案可能有助于摆脱目前的**僵局**。实际上，这些交付的价值将大大低于我们现在索要的现金。用物资交付来代替现金，实际上使我们的索赔大大减少，但是这可能会比千方百计减少现金更容易。此外，在修订《和约》时，反对德国通过出售商品（以何种方式、在何处出售）向我们自由支付现金的抗议活动，激起了所有潜在保护主义者的情绪。如果德国不遗余力地利用对它开放的唯一方法，即在全世界以低价出售尽可能多的货物，向我们支付，那么不久就会有许多人把这种努力看作是毁灭式的阴谋。如果我们把减少索赔描述为禁止德国发展有害的竞争性贸易，持上述思维方式的人就很容易被争取过来。这种表达政策需要变化的方式，在真理的基础上，结合了足够多的错误学说。比如，《泰晤士报》在一篇文章中推荐了这一学说，却没有意识到任何思想上的矛盾。它提供了许多人现在正在寻找的东西，即一个理智行事的借口，而不必忍受如此思考和叙述的侮辱和不便。但愿我不会劝阻他们！一个好的事业很少能得到足够复杂的理由来帮助实现以确保成功。

附记四 马克汇率

一国不可兑换纸币的黄金价值会下降，这可能是因为政府的支出超过了它通过贷款和税收筹集的资金，并通过发行纸币来弥补差额，或者是因为该国有义务向外国人支付更多的钱来进行投资或清偿债务。上述两种因素都可能会暂时受到投机的影响，很快发挥作用，都很快会起作用。但是投机的影响通常被夸大了，因为它可以在瞬间发挥巨大作用。上述两种因素都只能通过相关国家和世界其他国家之间立即支付到期的债务余额来发挥作用：向外国人支付债务的直接影响；货币通货膨胀的间接影响，或者因为额外的纸币发行，通过提高现有价值水平上的本国购买力来刺激进口抑制出口，或者是因为预期纸币会贬值而导致的预期性投机。货币的扩张对汇率没有任何影响，直到它影响了进出口，或鼓励了投机。而随着投机的影响消除，货币扩张迟早只能通过影响进出口来影响汇率。

自1920年以来，这些原则可以毫无困难地应用于马克汇率。起初，各种影响并非都是朝着同一个方向发挥作用。货币通胀往往会使马克贬值；德国人对外投资（即"马克外逃"）也会使马克贬值；但外国人投资德国债券和德国货币（这和短期投机的确切界限很难划清）却会使得马克急剧升值。当马克跌至一美元可兑25马克以上的水平后，世界许多人就形成了这样的观点：总有一天马克会反弹到战前水平，因此购买马克或马克债券将是一项不错的投资。这项投资的规模非常大,使得德国可以支配的外币总价值估计在 8 亿到 10 亿美元之间。这些资源使德国至少部分地补充其食品供应,并为其工业补充原材料,而这些都要求进口超过出口,这本来是无法实现的。此外,德国个人甚至能够从德国转移一部分财富投资到其他国家。

与此同时,通胀仍在继续。1920 年期间,德意志银行的纸币流通量大约翻了一番,但马克的对外价值与年初相比仅略有下降。

此外,截至 1920 年底,甚至在 1921 年第一季度,德国没有支付任何现金赔偿,却**收到了**相当一部分煤炭交付的现金(根据《斯帕协议》)。

然而,1921 年中期以后,各种影响已经部分互相平衡,开始朝着一个方向发展,也就是说,对马克的价值产生了不利影响。通胀持续,1921 年期间,德意志银行的纸币流通量达到 1920 年的近 3 倍,达到两年前的近 6 倍。进口额稳步超过出口额。一些投资马克的外国投资者开始感到害怕,他们非但没有增持,反而试图减持马克。现在,德国政府最终被要求重要的现金支付到其赔偿账户上。德国出售的马克不再被外国投资者吸收,现在反而要与这些投资者的马克出售进行竞争。很自然,马克的价值崩溃了,它必须降到一个新买家愿意挺身购买或卖家愿意推迟出售的价格。①

这里没有什么神秘的,都很容易解释。相信"德国阴谋"恶意贬低马克的故事,进一步证明了对汇率影响因素压倒性的普遍无

---

① 任何一个人,如果能够充分地说服自己,**每天**的外汇买入量和卖出量必须完全相等这一命题是不可改变的真理,那么他将在很大程度上理解了外汇交易的秘密。

知。国际上购买马克纸币的热潮已经显示出一种无知,这对德国来说是巨大的金钱优势。

马克崩溃后期主要是由于德国必须对外支付赔偿和偿还外国投资者,其结果是马克对外价值的下降已经超过了仅因为目前通胀程度而存在的任何合理水平。如果德国国内价格要调整为1美元兑换400马克以上的黄金价格,德国将需要比目前大得多的纸币发行量。因此,如果其他影响被消除,也就是说,如果修改赔偿要求,并且让外国投资者重新振作起来,大幅度的经济复苏可能会出现。另一方面,如果德国认真努力满足赔偿要求,德国政府的支出就会大大超出其收入,从而使通货膨胀和国内物价水平在适当时候赶上马克的对外贬值。

无论哪种情况,德国都面临着不幸的前景。如果目前的马克贬值持续下去,内部价格水平也随之调整,那么由此引起的社会不同阶层之间的财富再分配将造成一场社会灾难。另一方面,如果马克汇率恢复,那么对工业现有的人为刺激就会停止,基于马克贬值的证券交易也不再繁荣,这可能会导致一场金融灾难。[1] 那些负责德国金融政策的人面临着一个无比困难的抉择。在赔偿债务得到合理解决之前,任何人都不值得为一个无法解决的问题而费心。当稳定已成为一项切实可行的政策时,最明智的做法可能是将价格和贸易稳定在当时能调整到的最接近的水平。

---

[1] 此外,马克价值的每一次上升都会增加德国对国外马克持有者的实际债务负担,也会增加财政部公共债务的实际负担。1美元超过400马克的汇率至少有一个好处,那就是它将这两个负担都减少到非常温和的水平。

第四章　赔款法案

《凡尔赛和约》规定了德国应赔偿的损害类别，它没有试图评估这种损害的程度。这项责任被指派给赔偿委员会，要求他们在1921年5月1日或之前将评估报告给德国政府。

和平会议期间人们曾试图在那里商定一个数字，然后将其列入《和约》。美国代表们特别赞成这一行动，但未能达成协议。没有一个合理的数字，就法国和英国的大众期望而言，这并不是严重的不足。① 正如我们稍后将看到的那样，美国人同意的最高数字，即1 400亿金马克，比赔偿委员会的最终评估高不了多少。法国和英国同意的最低数字1 800亿金马克，正如事实证明的那样，远远超过了他们在自己的索赔类别下有权得到的数额。②

从《和约》签订之日起到赔偿委员会宣布其决定止，针对该数额应该是多少存在着很大的争议。我提议回顾一下这个问题的一些细节，如果人们在国际事务中总是诚实的话，那么对这个问题的公正看法仍然与赔偿问题有关。

---

① 和平会议期间对这一争议的充分描述可以从以下段落中拼凑起来：Baruch, *Making of Reparation and Economic Sections of the Treaty*, pp. 45-55. Lamont, *What Really Happened of Paris*, pp. 262-265. *The Truth about the Treaty*, pp. 294-309。

② 这些数字见塔迪厄，同前，第305页。

第四章 赔款法案

《和约的经济后果》一书的主要论点如下：(1)协约国正在考虑对德国提出的索赔是不可能得到偿付的；(2)欧洲的经济结合非常紧密，试图执行这些赔偿要求可能会毁掉每一个国家；(3)法国和比利时遭受敌人损害的货币成本被夸大了；(4)在我们的索赔中包括养恤金和津贴是违背信仰的；(5)我们对德国的合法索赔在它的支付能力范围内。

我在第三章和第六章对(1)和(2)作了一些补充意见。我在这里讨论(3)，在第五章讨论(4)。后两者仍然很重要。因为随着时间推移，(1)和(2)自然就解决了，现在很少有人有异议，但我们对德国的合法索赔额并没有因为事件的压力而引起如此强烈的关注。然而，如果我关于这个问题的论点能够得到证实，全世界将会发现安排一种切实可行的解决方案会更容易。在这方面，正义的主张通常被认为与可能的主张相对立。因此，即使事件的压力迫使我们不情愿地承认可能的主张必须占上风，正义的主张仍将得不到满足。另一方面，如果我们把自己的索赔局限于法国和比利时所遭受的破坏，我们就可以证明德国有能力做出充分赔偿，这样就可以使情感和行动协调一致。

有鉴于此，我有必要根据目前掌握的更充分的资料，再次讨论我在《和约的经济后果》(第120页)中所作的陈述，大意是"在被入侵地区所造成的物质损害数额一直是被严重夸大的主题，这是自然的"。这些陈述使我受到像克雷孟梭先生[①]和庞加莱先生这样著

[①] 克雷孟梭先生在给塔迪厄先生的书作序时写到以下段落："凯恩斯先生(在会议上不是唯一承认这一观点的人)的经济主题很强，他在没有任何考虑的情况下与'滥用协约国的要求'(读作：'法国')及其谈判者作斗争。……这些指责和许多其他残酷

名法国人的指控。指控我不是因为事实，而是因为我在谈论克洛茨先生、卢切尔先生和其他一些法国人的说法时对法国所谓的敌意。但我仍然敦促法国，它的事业可以通过准确无误和避免夸大其词来解决；相对于数额不可能的情况，在数额可能的情况下它所遭受的损害更有可能得到赔偿；而且，它的要求越温和，就越有可能赢得全世界的支持，从而获得赔偿方面的优先权。特别是布雷尼尔先生（Brenier）已经进行了广泛的宣传，目的是对我的统计数字造成偏见。然而，在一个估计数的末尾加上大量的"零"并不是真正高尚精神的象征。从长远来看，这些人也不是法国事业的好倡导者——他们疯狂地使用数字，使法国的名声受到蔑视，使法国的诚意受到怀疑。除非我们能让专家，也能让公众冷静地考虑法国遭受了什么样的物质损害，以及德国需要什么样的物质资源进行赔偿，否则我们永远不会着手恢复欧洲发展。伴随着布雷尼尔先生（1920年12月4日）的一些文章，《泰晤士报》在一篇社论中，带着一种高尚的蔑视态度写道："凯恩斯先生把他们的损失看作是统计数据的问题。"但只要我们坚持把统计数据当作情绪的晴雨表和情感表达的便捷载体，混乱和贫穷就会继续下去。在下面对数字的考察中，让我们同意用数字来衡量事实吧，而不是作为爱或恨的文学表达。

让我们暂时把养恤金、津贴和对比利时的贷款放在一边，看一下与法国北部物质损害有关的数据。从1919年春季和平会议召开到1921年春季赔偿委员会决定其评估，法国政府提出的索赔要求

的暴力行为，如果撰文人冒着一切风险，不相信通过放弃宣传来为自己的事业服务，我就不会说什么，这很清楚地表明了某些人的思想已经上升了多少。"（在英文版本中，塔迪厄将这些词"经济主题强"翻译成"有一定的经济学知识，但没有想象力和个性"——这似乎是相当自由的渲染。）

没有太大变化，尽管这期间法郎币值的波动造成了一些混乱。早在1919年，杜博伊斯先生（Dubois）代表众议院预算委员会发言时，给出了"最低"650亿法郎的数字。1919年2月17日，卢切尔先生作为工业重建部长在参议院发言时，按当时的价格估计这一成本为750亿法郎。1919年9月5日，克洛茨先生以财政部长的身份在众议院发表讲话，将法国财产损害（大概包括海上损失等）的索赔总额定为1 340亿法郎。1920年7月，当时的赔偿委员会主席杜博伊斯先生在一份关于布鲁塞尔会议和斯帕会议的报告中，根据战前价格，将这一数字定为620亿法郎。[1] 1921年1月，杜默先生（Doumer）以财政部长的身份发表讲话，将这一数字定为1 100亿法郎。法国政府1921年4月向赔偿委员会提交的实际索赔数字为按照当时价格的1 270亿法郎。[2] 到那时，法郎的汇率和购买力已大幅度贬值，考虑到这一点，上述估计之间的差异并不像乍看上去那样大。

赔偿委员会为了评估，有必要将这项索赔从纸法郎转换成金马克，为此目的采用的汇率引起了激烈的争议。按当时（1921年4月）的实际汇率计算，1金马克约兑3.25纸法郎。法国代表们声称，这种贬值是暂时的，永久的解决方案不应以此为基础。因此，他们要求采用1金马克兑换1.50或1.75左右纸法郎这一汇率。[3] 这个问

---

[1] 大约在同一天，德国赔偿委员会也是根据战前的价格估计费用为72.28亿金马克；也就是说，大约是杜博伊斯先生估计的七分之一。
[2] 正如目前已公布的那样，本索赔的细节，见附录三。上述数字包括工业损失、房屋损坏、家具及配件、未建土地、国有财产和公共工程的损失。
[3] 见卢切尔先生1921年5月20日在法国众议院的讲话。

题最终被提交给赔偿委员会的美国代表博伊登先生（Boyden）仲裁，他和大多数仲裁员一样，采取了折中办法，认为2.20纸法郎应该兑1金马克。[①] 他可能觉得很难对这一决定给出理由。至于索赔中涉及养恤金的那一部分，无论多么地不切实际，对法郎的黄金价值进行预测都有重大意义。但是，关于物质损害的那部分，没有必要作这种调整。[②] 因为法国的索赔是根据目前的重建成本拟订的，其等值黄金不必随着法郎的黄金价值的提高而增加，汇率上的改善迟早会被法郎价格的下跌所抵消。在评估之日，根据法郎内部购买力超过其等值黄金的外部购买力，应该适当考虑纸法郎溢价的存在。但在1921年4月，法郎离其适当的"购买力平价"不远了，据此我算出，1金马克兑3纸法郎大概是准确的。因此，2.20的汇率在很大程度上夸大了法国对德国的索赔。

按这一汇率，索赔1 270亿纸法郎的物质损害相当于577亿金马克，其中主要项目如下：

	纸法郎（百万）	金马克（百万）
工业损失	38 882	17 673
房屋损坏	36 892	16 768
家具及配件	25 119	11 417
未建土地	21 671	9 850
国家财产	1 958	890
公共工程	2 583	1 174
共计	127 105	57 772

[①] 要使这一汇率合理，纽约法郎的汇率必须上升到11美分左右。
[②] 卢切尔先生在法国众议院的发言暗示，汇率适用于物质损失和养恤金，我在下文中假定了这一点；但缺乏确切的官方资料。

第四章 赔款法案

我认为这个总数是巨大的甚至是非常夸张的，超出了在交叉印证下可能合理的任何数字。在我写《和约的经济后果》时，还没有关于损害的确切统计，只能根据被入侵地区的战前财富，规定一个合理索赔的上限。然而，现在有了更多的细节可以用来查看索赔额。

下列细节引自1921年4月6日白里安先生在法国参议院发表的一份声明，并在几天后发布了一份官方备忘录加以补充。这些细节代表了法国当时的立场。[①]

[①] 白里安先生给出的损害数字，总体来说比十个月前（1920年6月）塔迪厄先生以灾区委员会主席的身份在一份报告中给出的数字要低，但差别不是很大。为便于比较，我下面给出塔迪厄先生的数字，连同早些时候完成重建的数字：

	被毁	被修复
完全被摧毁的房屋	319 269	2 000
部分受损的房屋	313 675	182 000
铁路线	5 534 千米	4 042 千米
运河	1 596 千米	784 千米
公路	39 000 千米	7 548 千米
桥梁、堤坝等	4 785 千米	3 424 千米

	被毁	从地表清除	夷平	耕过
可耕地（公顷）	320 万	290 万	170 万	115 万

	被毁	已重建和在建	重建中
工厂和工程	11 500	3 540	3 812

更早的估计是杜博伊斯先生为法国众议院预算委员会做出的，并作为1918年会议第5432号议会文件发表。

(1) 1921年4月居住在被摧毁地区的人口为410万,而1914年为470万。

(2) 在可耕地中,95%的土地已经夷平,90%的土地已耕种并正在生产作物。

(3) 293 733所房屋被彻底摧毁,取而代之的是132 000所各种各样的临时住所。

(4) 296 502所房屋被部分摧毁,其中281 300所已修复。

(5) 50%的工厂再次开工。

(6) 在被毁坏的2 404公里铁路中,几乎整个铁路都重建了。

因此,似乎除了重新装修和重建房屋及工厂(更大部分仍有待完成)之外,大部分的破坏已经在和平会议后两年内,在德国付出任何代价之前,从法国的日常劳动中得到了补偿。

这是一项伟大的成就,再一次证明了农民的耐心劳动为法国带来的财富,这使它成为世界上的富国之一,尽管巴黎腐败的金融已经在过去一代浪费了投资者的储蓄。当我们观察法国北部时,我们看到了诚实的法国人所能取得的成就。[1]但当我们转向基于此的赔

---

[1] 较近期的估计数(即1921年7月1日)大概来自官方渠道,是由瓦兹省(Oise)副部长福尼尔-萨洛维泽(Fournier-Sarlovèze)先生提出的。以下是他的一些数字:

有人居住的房屋

停战时	完全被摧毁	289 147
	严重受损	164 317
	部分受损	258 419
1921年7月止	完全重建	118 863
	暂时修复	182 694

第四章 赔款法案

偿要求时,我们又回到了巴黎金融的氛围中——非常贪婪、背信弃义,而且极度缺乏热情,因而最终会挫败它自己的目标。

因此,让我们将其中一些被摧毁的项目与所提出的索赔进行比较。

(1) 293 733 所房屋被彻底摧毁,296 502 所房屋被部分摧毁。既然后者几乎都修好了,为了进行粗略比较,我们不应低估其损失,即平均而言,部分摧毁的房屋被摧毁了一半,这相当于总共彻底摧毁了 442 000 所房屋。回头看,我们发现法国政府对房屋损坏的索赔是 167.68 亿金马克,也就是 41.92 亿美元,这个数字除以房屋的

	公共建筑				
	教堂	市政大楼	学校	邮局	医院
被毁	1 407	1 415	2 243	171	30
受损	2 079	2 154	3 153	271	197
修复	1 214	322	720	53	28
临时修补	1 097	931	2 093	196	128

耕地(英亩)		
停战时:	完全被毁	4 653 516
1921 年 7 月止:	夷平	4 067 408
	耕过	3 528 950

家畜			
	1914	1918.11	1921.7
牛	890 084	57 500	478 000
马、驴和骡子	412 730	32 600	235 400
绵羊和山羊	958 308	69 100	276 700
猪	357 003	25 000	169 000

数量，我们发现平均每所房子的索赔额为 9 480 美元！① 这主要就是对农民和矿工的农舍以及小城镇房屋的索赔。塔迪厄先生援引卢切尔先生的话说，兰斯-库里埃（Lens-Courrières）地区的房屋战前单价是 5 000 法郎（1 000 美元），战后重建却要花费 15 000 法郎，这听起来并不过分。1921 年 4 月，巴黎房屋的建筑成本（几个月前更是高出很多），以纸法郎来计，估计是战前的 3.5 倍。② 但是，即便我们采用战前 5 倍的纸法郎成本，即每所房子 25 000 纸法郎，法国政府提出的索赔仍然是实际损失的 3.5 倍。我想，这种差异，在这里和在其他项目下，可以部分地解释为法国官方索赔中列入了间接损害赔偿，即租金损失。赔偿委员会对战争受灾地区的**间接**经济和商业损失采取了何种态度还不清楚。但我认为，根据《和约》，这类索赔是不可接受的。这类损失虽然是真实的，但与其他地区甚至整个协约国领土上发生的类似损失并无本质上的区别。不过，该项目下的最高索赔额并不能证明上述数字的合理性，我们可以容许这

---

① 即使我们假设所有受损的房子都被完全摧毁了，这个数字也会是 7 000 美元左右。

② 布雷尼尔先生曾花了很多时间批评我，他赞许地引用一位法国建筑师的话（《泰晤士报》，1921 年 1 月 24 日），该建筑师估计重建成本平均每房屋为 2 500 美元，而且毫无异议地引用了一名德国人的估计，即战前平均是 1 200 美元。他在同一篇文章中还说到，被毁房屋有 304 191 所，受损房屋为 290 425 所，总共为 594 616 所。他指出了在这些问题中不要忽视情感的重要性，然后他将 2 500 美元乘以人口，而不是房屋数量，得到了 37.5 亿美元的答案。什么是对情感倍增的回应？对这些方面的争议，有什么礼貌的反驳？（他的其他数字显然是大量的错误、混乱的算术、公顷和英亩之间的混淆等，虽然这些数字很容易被攻击得体无完肤，但将任何严肃的批评建立在这种人为的混乱之上是不公平的。作为这些主题的作者，布雷尼尔先生写作能力相当于拉斐埃尔-乔治·雷维（Raphaël–Georges Lévy）先生。）

些额外项目有较大的误差,但这丝毫不影响索赔被夸大这一结论。在《和约的经济后果》(第127页)中,我对房屋财产损害的可能合理估计是12.5亿美元,我仍然认为这个估计基本正确。

(2)房屋损害索赔不包括家具和配件,它们是另一项索赔标的,即114.17亿金马克,约28.5亿美元。为了核实这一数字,我们假设不仅在被彻底摧毁的房屋里,而且在任何的受损房屋中,所有的家具和配件都被毁了。这是夸大其辞,但我们可以发现它与以下事实相悖:在许多情况下,家具可能被洗劫一空,而不是通过归还来追回(事实上,大量的家具是通过这种方式追回的),尽管房子的结构根本没有被损坏。损毁房屋59万所,用这一数字去除28.5亿美元,平均每所房子将近5 000美元,每个农民或矿工家的家具和配件平均估价接近5 000美元!我都不敢想这句话有多夸张。

(3)然而,最大的索赔是"工业损失",即176.73亿金马克,约44亿美元。1919年卢切尔先生估计重建煤矿的成本为20亿法郎,按平价汇率计算为4亿美元。[①]由于英国所有煤矿的战前价值估计只有6.5亿美元,而且英国煤矿的战前产量是法国被入侵地区的15倍,所以这一数字似乎很高。[②]但是,即使我们接受了这一数字,仍然还有40亿美元要交代。里尔(Lille)和鲁拜克斯(Roubaix)的大纺织工业原材料被抢,但是它们的工厂并没有受到严重损害,事实

[①] 塔迪厄先生指出,由于随后的价格上升,卢切尔先生估计的纸法郎数额已被证明是不充分的。但这是允许的,因为我已将纸法郎按照平价兑换成美元。

[②] 朗斯(Lens)煤矿是被摧毁最彻底的对象,共有29个矿坑,1913年有1.6万名工人,产量达到400万吨。

证明，1920年这两个地区的毛纺业已雇佣着93.8%的战前人员，棉花业雇用着78.8%的战前人员。在图尔康(Tourcoing)的57家工厂中有55家在运营，在鲁拜克斯的48家工厂中有46家在运营。①

据说总共有11 500家工业企业受到战争干扰，这包括村庄的每个作坊，其中约3/4的作坊雇用不到20人，到1921年春天，他们中的一半就重新工作了。代表他们的利益所提出的平均索赔额是多少？扣除上述煤矿，将总索赔额除以11 500家，我们得出的平均数字接近3.5万美元。表面上看其夸张的程度似乎与房屋和家具一样大。

(4)其余的重要项目是未建土地。这个项目的索赔是98.5亿金马克，约24.6亿美元。和平会议期间，塔迪厄先生(同前引书，第347页)在一次讨论中指出法国索赔的过分特点，他是这样援引劳合·乔治先生的话："如果你必须把索赔的钱花在重建法国北部所遭受破坏的地区上，我断言你花不完。再说，土地还在那里。虽然部分土地已经严重隆起，但并没有消失。即使你把贵妇小径(Chemin des Dames)拿去拍卖，你也会找到买家的。"劳合·乔治先生的观点已经被事件证明是正确的。法国总理1921年4月就告诉参议院，95%的可耕地已经重新开垦，90%的可耕地已经被耕种，正在生产农作物。有些人甚至坚持认为，因为土地表面的扰动和几年的休耕，土壤的肥力实际上已经得到了改善。但是，除了已证明这类损害比预期更容易修复之外，受影响的11个省全部耕地面积(不

---

① 我从塔迪厄先生那里得到了这些数字，根据他目前的论文中很有启发性地在一些章节所说，重建工作几乎没有开始，而在另一些章节又说重建工作几乎已经完成了。

第四章 赔款法案

包括林地）约为665万英亩，其中27万英亩位于"摧毁区"，200万英亩位于"战壕和轰炸区"，420万英亩位于"简单占领区"。因此，**整个地区**的平均索赔额约为370美元/英亩，前两类地区的平均索赔额超过1 000美元/英亩。这一索赔虽然被表述为跟未建土地相关，但可能包括农场建筑（房屋除外）、器具、牲畜和1914年8月地里的农作物。根据经验，土地的永久特性只在一小部分地区受到严重损害，因此这些项目可能构成索赔的主要部分。我们还必须考虑林地的破坏程度。不过，即使对每一项都进行很高的估计，也看不出如何才能算出实际索赔额的1/3以上。

这些论据并不确切，但足以证明法国提交给赔偿委员会的索赔是站不住脚的。我相信该索赔额至少是实际损失的四倍。但可能忽略了一些索赔项目，在此类讨论中最好还是留些余地，以免出错。因此，我断言，平均而言，索赔额不低于实际损失的两三倍。

我已经在法国的索赔上花了很多时间，因为这是最大的索赔，而且它的细节要比其他协约国索赔的细节更多。从表面上看，比利时的索赔与法国的一样，遭到非议。但在比利时的索赔中，更大部分是对平民人口的征税和对平民的人身伤害。然而，物质损害的规模却比法国小得多。比利时的工业已经在以战前的效率运转，而仍有待修复的重建工程规模也不大。在1920年2月，比利时内政部长在议会声明，在停战之日，已有8万所住房和1 100栋公共建筑被摧毁。这意味着比利时在这方面的索赔额应该是法国的1/4左右。但鉴于法国被入侵地区拥有更多的财富，比利时的损失可能明显少于法国损失的1/4。比利时实际提出的关于财产、航运、平民和囚犯索赔额（也就是说，除养恤金和津贴外的索赔总额）为

342.54亿比利时法郎。由于比利时财政部在1913年公布的一项官方调查中,估计全国的财富为295.25亿比利时法郎,所以很明显,即使考虑到比利时法郎的贬值(这是我们的衡量标准),该索赔额也是非常过分的。我想这种夸张程度和法国的情况一样。

除了养恤金和津贴外,英国的索赔几乎全部涉及航运损失。损失和损坏的吨位是确切知道的。所载货物的价值很难猜测。根据每艘船体平均150美元和每吨损失的货物平均200美元,我在《和约的经济后果》(第132页)中估计的索赔额为27亿美元,英国提出的实际索赔额为38.35亿美元。这在很大程度上取决于重置成本的计算日期。事实上,大部分吨位都已被替换为船只,而这些船只的建造在战争结束前或战争结束不久就开始了,因而,价格要比现在的价格,比如1921年的价格高得多。但即便如此,英国提出的索赔额也非常高。这似乎是基于船体和货物合计每吨总损失500美元估计出来的,任何超出部分都与以下事实相悖:对受到损坏或骚扰但未沉没的船只不作单独的赔偿。这是任何合理论据支持的最高数字,不是司法估计。我还是坚持在《和约的经济后果》中所作的估计。

我不去研究其他协约国的索赔。这些细节,到目前为止已经公布,在附录三中给出。

以上所作的观察都跟物质损害索赔有关,不涉及养恤金和津贴的索赔,然而,养恤金和津贴是一个非常大的项目。根据《和约》,也要对养恤金和津贴进行计算。就养恤金而言,应该"在《和约》生效日,按法国当时军队的标准,计算其资本化成本"。就战争期间向动员人员家属提供的津贴而言,则每年"根据法国军队此类付款的平均标准"来计算。也就是说，法国军队的标准要一直实行。考虑到受影响的人数，其结果应该是一个可计算的数字，而且不应该有严重错误的余地。实际索赔额以10亿金马克计，如下：①

	10亿金马克
法国	33
英国	37
意大利	17
比利时	1
日本	1
罗马尼亚	4
共计	93

这不包括塞尔维亚（没有单独的数字）和美国。因此，总数大约是1 000亿金马克。②

所有项目的索赔总额是多少？这一总额与赔偿委员会的最后评估额有什么关系？由于索赔是以各国货币表示的，因此要算出一个总额并不容易。下表中，法国法郎按2.20（委员会采用的汇率，如上所述）兑换成金马克，英镑按平价汇率（跟法国法郎的汇率类似），比利时法郎按与法国法郎相同的汇率，意大利里拉按法国法郎汇率的2倍，塞尔维亚第纳尔按法国法郎汇率的4倍，日元则按平价汇率。

---

① 这里的法郎按2.20兑换成金马克，英镑按1∶20的比率兑换成金马克。
② 这正是我在《和约的经济后果》第160页所估计的数字。但我在那里补充道："我对总数的大致准确性比对各索赔方之间的分配更有信心。"这一附带条件是必要的，因为我高估了法国的索赔，低估了英国和意大利的索赔。

	10 亿金马克
法国	99
英国	54
意大利	27
比利时	16.5
日本	1.5
南斯拉夫	9.5
罗马尼亚	14
希腊	2
共计	223.5

本表省略了波兰和捷克斯洛伐克的索赔额，因为该索赔可能不予受理；也不包括美国，因为美国没有提出任何索赔；某些次要的索赔人列在附录三中。

因此，取整数的话，我们可以把提交给赔偿委员会的索赔定为约2 250亿金马克，其中950亿跟养恤金和津贴有关，1 300亿跟其他项目有关。

赔偿委员会在宣布其决定时并没有具体说明不同索赔人或不同索赔项目的情况，只是给出了一个总数。他们的数字是1 320亿金马克，也就是说，大约占索赔总额的58%。这一决定根本没有考虑德国的支付能力，只是一个单纯的评估，目的是对《凡尔赛和约》所确立索赔项目的合理应付额进行司法评估。

但只是在意见分歧很大的情况下，这项决定才是一致的。设立一个利益代表机构，对自己的案件做出司法裁决，既不合适，也不合乎礼仪。这一安排是依据这样的假设做出的，即协约国不会做错

第四章 赔款法案

事,甚至连偏袒都不可能,这样的假设贯穿整个《和约》。

关于得出这一结论的讨论,英国没有发表任何文章。但是曾任赔偿委员会主席的庞加莱先生,大概对赔偿委员会的事务了如指掌,他于1921年5月15日在《两大陆评论》(Revue des Deux Mondes)发表的一篇文章揭开了这一问题的面纱。他在文章中透露以下事实,即最终结果是法国和英国代表之间的妥协,英国代表们努力将这一数字定为1 040亿金马克,并且娴熟甚至热情地为这一裁决辩护。①

当赔偿委员会的决定首次宣布并被发现大大减少了向它提出的索赔时,我颂扬这一决定这是国际事务中正义的伟大胜利,或许是因为它跟我自己的预测非常接近。所以,在某种程度上我依然这么认为。赔偿委员会在很大程度上否认了协约国政府索赔的真实性。事实上,他们肯定大幅度减少了养恤金和津贴以外项目的索赔,因为养恤金的索赔或多或少能被精确计算,②几乎不可能出现接近42%的初始误差。例如,如果他们将养恤金和津贴的索赔从950亿金马克降低到800亿金马克,那么他们必定会将其他项目的索赔从1 300亿金马克降低到520亿金马克,也就是说降低了60%。然而,即便如此,根据现有的数据,我不认为他们的裁决能够在一个公正的法庭上得到维持。庞加莱先生将1 040亿金马克的数字归功于约翰·布拉德伯里(John Bradbury)爵士,这可能是我们得到的

---

① "这是法国代表杜博伊斯先生和英国代表约翰·布拉德伯里爵士之间相当痛苦的折中结果,约翰·布拉德伯里爵士此后辞职了,他想坚持1 040亿这一数字,并以热情的技巧为英国政府的主张辩护。"

② 这方面合法争议的主要问题在于将纸法郎兑换为金马克的汇率。

最接近严格公正的评估数字了。

为了完成我们对事实的总结,必须加上两个细节。(1)赔偿委员会评估的索赔总额包括对德国**及其盟友**的全部索赔。也就是说,这包括了奥地利—匈牙利、土耳其和保加利亚军队,以及德国军队所造成的损害。据推测,德国盟友的付款(如果有的话)必须从应付款中扣除。但是《凡尔赛和约》赔偿一章的附录一却要求德国承担全部赔偿责任。(2)这一总额不包括《和约》规定的、战争期间协约国向比利时提供贷款的偿还额。在1921年5月《伦敦协议》签订之日,德国在该项下的债务暂时估计为30亿金马克。但当时还没有决定这些以美元、英镑和法郎为单位的贷款应以何种汇率兑换成金马克。这个问题被提交给美国赔偿委员会代表博伊登先生进行仲裁,他在1921年9月底宣布了其决定,大意是汇率应以停战之日的现行汇率为基础。包括《和约》规定的5%的利息在内,我估计,到1921年底,这一债务约为60亿金马克,其中略多于1/3的债务应支付给英国,略少于1/3的债务应分别支付给法国和美国。

因此,我的最后结论是,根据《凡尔赛和约》的严格规定,德国应付款的最佳估计是1 100亿金马克,这一总额可按比例分为以下三类:养恤金和津贴740亿、平民财产和人身的直接损害赔偿300亿、比利时欠的战争债务60亿。

这个总数超出了德国的支付能力。但如果不包括养恤金和津贴,这一索赔额应该在它的能力范围内。纳入养恤金和津贴的索赔是代表们在巴黎长期斗争和激烈争论的话题。我认为那些人是正确的,他们坚持认为这一索赔与德国停战投降时的条件不一致。我在下一章再谈这个话题。

附记五　1921年5月1日之前的收支

《凡尔赛和约》中有一条规定,即在进行一定的扣除之后,德国要在1921年5月1日之前支付50亿美元(黄金)。这一规定跟事实差距非常大,实现的可能性也非常小,因而在过去的一段时间里,没有人对巴黎缺乏想象力的《和约》说什么。由于1921年5月5日的《伦敦协议》完全放弃了这一规定,因此我们就没有必要再去讨论这个过时的问题。但是,记录下德国在过渡时期实际支付了多少还是很有趣的。

以下细节来自英国财政部在1921年8月发表的一份声明:

赔偿委员会对德国1918年11月11日—1921年4月30日支付的大致说明

	金马克
现金收入	99 334 000
实物交付:	
船舶	270 331 000
煤炭	437 160 000
染料	36 823 000
其他实物	937 040 000
	1 780 688 000
不动产和尚未变现的资产	2 754 104 000
	4 534 792 000
折合	1 130 000 000

不动产主要包括移交给法国的萨尔煤田,移交给丹麦的石勒苏益

格的国有财产以及移交给波兰的德国领土上的国有财产(有些例外)。

全部现金、2/3 的船舶和 1/4 的染料都归英国所有。部分船舶和染料、萨尔煤田、大部分煤炭和其他实物,包括德军留下的宝贵物资,都归法国所有。一些船舶,一部分煤炭和其他实物,以及丹麦就石勒苏益格支付的补偿,都归比利时所有。意大利获得了部分煤炭和船舶以及其他一些价值不大的东西。德国在波兰的国有财产只能转让给波兰。

但这样收到的款项不能用来赔偿,必须从中扣除(1)根据《斯帕协议》归还德国的部分,即 3.6 亿金马克,[①] 和(2)占领军的费用。

1921 年 9 月,赔偿委员会公布从停战到 1921 年 5 月 1 日协约国军队占领德国领土的费用,估算如下:

	总成本	每日人均成本
美国	278 067 610 美元	4.50 美元
英国	52 881 298 英镑	14 先令
法国	2 304 850 470 法郎	15.25 法郎
比利时	378 731 390 法郎	16.50 法郎
意大利	15 207 717 法郎	22 法郎

将这些款项兑换成金马克引起了人们对汇率的普遍争议。然而,估计的总数为 30 亿金马克,[②] 其中 10 亿是欠美国的,10 亿欠法

[①] 组成部分如下:英国预付大约 550 万英镑,法国预付 7.72 亿法郎,比利时预付 9 600 万法郎,意大利预付 1.47 亿里拉,卢森堡预付 5 600 万法郎。

[②] 德国当局公布了一个略高的数字。根据财政部长 1921 年 9 月向国会提交的一份备忘录,截至 1921 年 3 月底,占领军和莱茵省委员会的费用为 3 936 954 542 金马克,开始的费用由占领军来支付,随后可从德国收回,**另外还有** 7 313 911 829 纸马克,直接由德国当局来支付。

国,9亿欠英国,1.75亿欠比利时,500万欠意大利。1921年5月1日,法国在莱茵河上大约有7万名士兵,英国大约有1.8万名士兵,而美国的士兵数则微不足道。

因此,过渡期的净收支情况如下:

(1)先将转让给波兰的国有财产放在一边不谈,根据《和约》的严格规定,在停战后的两年半内从德国获得的全部可转让财富,事实上旨在提取所有可用的流动资产,差不多能涵盖征收成本(即占领军的支出),**没有任何剩余可用于赔偿**。

(2)但由于美国还没有收到其占领军应得的费用,其他协约国收到的款项进行内部平衡之后会多出大约10亿金马克。这笔盈余在他们中间没有进行平均分配。英国收到的比花费的**少**4.5亿—5亿金马克,比利时收到的比花费的**多**3亿—3.5亿金马克,法国比她的花费**多**收了10亿—12亿金马克。①

根据《和约》的严格规定,那些收到的款项少于自己份额的协约国可能会要求那些多收的国家以现金来支付差额。1921年8月13日在巴黎临时签署了《财政协议》,其主题就是讨论这种情形以及德国在1921年5—8月期间支付的10亿金马克如何分配。该协议主要包括对法国的让步:一部分是比利时向法国让步,比利时实际上同意部分推迟20亿金马克的优先获得权,这20亿来自德国的首笔赔偿款;另一部分是英国向法国让步,为了协约国内部核算的目的,英国同意德国所交付煤炭的价值低于《和约》规定的价值。②

---

① 我不保证这些数字的准确性,这些数字是我自己根据不完整的公开信息粗略估计的。

② 另一方面,英国对航运估价的观点被采纳。

鉴于这些让步都是针对未来支付的，1921年5月1日**以后收到的第一笔**10亿现金由英国和比利时瓜分，英国收到4.5亿金马克，以清偿其在占领费用上的欠款，而余额则给比利时，支付其曾同意推迟的优先索赔款。这项协议在法国媒体上被认为是给法国带来了新的负担，或者至少是撤销了法国的现有权利。但事实并非如此。这项协议的目的是缓和《和约》文字和《斯帕协议》对法国产生的严重影响。①

这些交付物品的实际价值是一个显著的例子，表明可交付物品的价值在多大程度上低于过去通用的估计。赔偿委员会指出，德国将收到并存入账户的商船价值约为7.55亿金马克。这一数字是很低的，部分原因是许多船只在吨位下降后被处理掉了。② 然而，这是一种价值巨大的有形资产，曾经人们习惯于援引这种资产来回应那些怀疑德国巨额债务支付能力的人。这与针对它的账单有什么关系？德国账单金额是1 380亿金马克，一年6%的利息是82.8亿金马克。也就是说，德国商船的移交挫败了其所有自豪，并且吞噬了其所有的努力，整个商船将支付大约一个月的费用。

---

① 鉴于本协议涉及白里安先生内阁的政治困难，英国和比利时显然"根据协议所涉问题的最终方案的调整"而进行了调整，并接受了上述配额。1921年9月30日的净额是，包括上述款项在内，英国已被偿还544.5万英镑的斯帕煤炭预付款，还收到或正在收取大约4 300万英镑的占领军费用（约5 000万英镑）。因此，由于三年的赔款，英国的收费成本比她的收入多了大约700万英镑。

② 在评估这些船舶的价值时按照经济萧条时期的价格，而在评估德国破坏潜艇的赔偿责任时却按照经济繁荣时期的更换成本，这似乎是不公正的。我（在《和约的经济后果》第174页）估计将要交付的船舶价值为6亿美元。

附记六 协约国之间的收入分配

协约国政府利用斯帕会议(1920年7月)来解决他们之间的赔偿问题,这个问题在巴黎造成许多麻烦但尚未解决,[1]即赔偿收入在各协约国索赔方之间分配的比例。[2]《和约》规定,来自德国的赔偿收入将由协约国"根据一般公平原则和每个协约国的权利,按他们事先已经确定的比例"分配。塔迪厄先生说,由于在巴黎未能达成协议,这一条款的时态很不准确,但在斯帕,协议如下。

法国	52%
大英帝国[3]	22%
意大利	10%
比利时	8%
日本和葡萄牙	各0.75%

剩下的6.5%留给塞尔维亚-克罗地亚-斯洛文尼亚以及希腊、

---

[1] 塔迪厄先生(《和约的真相》,第346—348页)叙述了和平会议上对这个问题的失败讨论。法国人在斯帕会议获得的比例比他们声称的更有利,但被劳合·乔治先生在巴黎拒绝了。

[2] 本协议文本摘要见附录一。

[3] 在1921年7月的自治领总理会议上,帝国各组成部分之间的份额进一步划分如下:

英国	86.85	新西兰	1.75
小殖民地	0.80	南非	0.60
加拿大	4.35	纽芬兰	0.10
澳大利亚	4.35	印度	1.20

罗马尼亚和其他尚未签署《斯帕协议》的国家。①

这一解决方案体现了英国的某种让步，纳入养恤金后的索赔份额大大提高，超出了英国在适当赔偿基础上的比例。而劳合·乔治先生在巴黎声称的比例可能更接近事实（即法国和英国的份额应该是5比3）。我估计，法国45%，英国33%，意大利10%，比利时6%，其余6%，这样的分配比例将更符合《和约》中各方的索赔。然而，鉴于所有事实，斯帕的分配可能整体上被认为是实质性的公正处理。

同时，会议确认了比利时5亿美元的优先权；并商定，其他协约国战争期间向比利时提供的贷款（德国应根据《和约》第232条对此承担责任），应用下一次收到的赔偿来处理。②这些贷款，包括利息在内，到1921年底将达到大约15亿美元，其中5.5亿美元应付给英国，5亿美元应付给法国，4.5亿美元应付给美国。

因此，根据《斯帕协议》，从德国收到的现金和就实物交付存入德国账户的金额将按以下顺序履行其赔偿义务：

1. 截至1921年5月1日占领军的费用估计为7.5亿美元。
2. 根据《斯帕协议》，向德国预付食品采购款9 000万美元。
3. 比利时优先受偿5亿美元。
4. 偿还协约国给比利时的预付款，即15亿美元。

---

① 《斯帕协议》还规定，来自保加利亚和前奥匈帝国各组成部分的一半收入应按上述比例分配，另一半则如此分配，即40%应该给意大利，60%应该给希腊、罗马尼亚和南斯拉夫。

② "德国承诺……偿还比利时截至1918年11月11日向协约国和相关国所借款项，并按每年5%的利率计算利息。"斯帕安排的这一偿还的优先次序与《和约》中规定的不迟于1926年5月1日偿还的程序略有不同。

上述款项总共约28.5亿美元,我估计其中大约7.5亿美元应付给法国,8.5亿美元应付给英国,5.5亿美元应付给比利时,7亿美元应付给美国。

我认为,很少有人意识到,根据严格的协议条款,应该付给美国的款项是多么大一笔。既然法国已经得到了上述份额的近2/3,而比利时只得到了1/3左右,英国不到1/3,美国一无所获,因此,即使对德国即将偿付做最有利的假设,在不久的将来,相对较少的款项将严格地付给法国。

1921年8月13日的《财政协议》旨在修改这些优先权条款对法国的严苛性。[①] 该协议的细节尚未公布,但据说,关于协约国对比利时战争预付款进行归还的条款,该协议与在斯帕的规定略有不同。

法国公众对该协议的欢迎很好地说明了把人们蒙在鼓里效果是不错的。法国人从来就没有理解过《斯帕协议》的后果,因而他们认为8月份的《财政协议》严重干扰了其现有的权利,实际上该协议大大改善了法国的受偿地位。杜默先生(Doumer)从来没有勇气告诉公众真相,不过如果他有勇气的话,很明显,临时签署协议是为了他的国家利益。

提到美国,就请注意该国在《和约》中的反常立场。它不批准《和约》并不使它丧失在《和约》中的任何权利,无论是关于占领军费用中的份额(不过,小部分被它保留的德国船只所抵消),还是关

---

① 参见《斯帕协议》,第135页。

于比利时战争预付款的偿还。[①]因此,严格地说,美国有权在不久的将来从德国获得相当一部分现金收入。

然而,已经提到的这些索赔,有可能会被抵消,在这里却不能被忽视。根据《和约》,在采用《清算所计划》(the Clearing House Scheme)的国家中,德国在协约国的私有财产首先用于偿还德国国民欠该协约国国民的债务,如果有余额,则保留用于赔偿。类似的德国资产在美国会发生什么,目前还没有定论。剩余资产的价值约为3亿美元,[②]将由敌人财产保管人(the Enemy Property Custodian)保留,直到国会另有决定。以这些资产为抵押向德国提供贷款的谈判不时地进行,但这些资产的法律地位使得谈判无法取得进展。无论如何,这一重要的德国资产仍在美国的控制之下。

---

① 德国和美国于1921年8月25日签署并批准的《德美和平条约》第1条明确规定,德国承诺给予美国1921年7月2日国会联合决议中规定的一切权利、特权、补偿金、赔偿和好处。"包括《凡尔赛和约》为美国利益规定的美国应享有的一切权利和好处,尽管美国并未批准该《和约》。"

② 根据1921年8月华盛顿发表的一份声明,保管人手中有价值314 179 463美元的德国财产。

第五章　养恤金索赔的合法性

"在国际政治中应用道德，与其说是已经在运作的事情，不如说是值得期待的事情。另外，当我与其他数百万人一起参与犯罪时，我或多或少会耸耸肩。"

——一位友好的评论家给《和约的经济后果》作者的信

我们在前一章中看到，养恤金和津贴的索赔几乎是**毁损**的两倍，因此将其纳入协约国的索赔中，账单几乎达到原来的三倍。养恤金和津贴的索赔使能被满足的与不能被满足的索赔有所不同，因而这很重要。

在《和约的经济后果》一书中，我认为，养恤金索赔与我们的承诺相悖，是一种国际不道德行为，并给出了理由。从那以后，关于这件事的文章很多，但我不能承认我的结论遭受了严重的非议。大多数美国作者都接受它，大多数法国作者都忽视它，大多数英国作者试图表明，并不是说证据的**天平**不利于我，而是在另一边有些貌似可信或不可忽略的观点。他们的论点是17世纪耶稣会《概率论》(*Probabilism*)教授们的观点，即协约国是对的，除非绝对肯定他们是错的，而且任何对他们有利的概率，无论多么小，都足以使他们免于死罪。

然而，即使我的观点被接受了，德国以前敌国中的大多数人也不愿意表现得很激动。本章开头的那段话描述了一种常见的态度。国际政治是一场恶棍的游戏，而且一直如此，公民个人很难感到对自己负有个人责任。如果我们的敌人违反了规则，他的行为可能会给我们一个适当的机会来表达我们的情感。但这绝不能让我们冷静地认为这种事情以前从未发生过，以后也绝不能再发生。敏感而光荣的爱国者不喜欢这种想法，但他们"或多或少地耸耸肩"。

这里面有一些常识，我不能否认。国际道德被解释为一种粗俗的法律主义，可能会对世界造成很大的伤害。至少在这些大规模的交易中，就像对私人事务一样，如果不把**每件事**都考虑进去，那么我们的判断就是错误的。反过来说，当宣传将激情、情感、私利和道德等"鬼话"糅合在一起，且鼓动了大众的情绪时，诉诸这些原则是肤浅的。

但是，尽管我发现没有什么罕见的事情发生，人们的动机一如既往，但我仍然认为，这一行径异常卑劣，它因为伪善的道德目的而变得更糟。我之所以做出回应，部分是基于历史，部分是基于现实。备受关注的新资料可以指导我们了解事件的进程。如果我们基于现实同意放弃索赔，处理问题就简单多了。

有些人认为向敌人收取养恤金是违反协约国承诺的，其依据是1918年11月5日威尔逊总统在协约国授权下照会德国政府的条款，这些条款是德国接受停战条件必须要服从的。[①] 相反的观点认为，如果协约国认为这样做是有利的，他们就完全有权利收取养恤金，

---

① 我已经在《和约的经济后果》第五章中给出了相关段落的确切文本。

第五章　养恤金索赔的合法性

这一观点得到了两个截然不同的论据支撑：第一，1918年11月11日的停战条件**不受**威尔逊总统1918年11月5日照会的**约束**，而是**取代**了该照会，尤其是在赔偿方面；第二，威尔逊总统照会的措辞可以理解为并没有排除养恤金。

第一个论据在和平会议期间被克洛茨先生和法国政府所采纳，[①] 最近也得到了塔迪厄先生的批准。在巴黎的整个美国代表团都否认了这一论据，而且英国政府也从未明确表示支持它，有责任感的《和约》起草人（除了法国人）也不承认这一论据。[②] 在答复德国对《和约》初稿的意见时，和平会议本身也明确放弃了这一论据。第二个论据是和平会议期间英国政府提出来的，这一论据也最终改变了威尔逊总统的立场。我将依次讨论这两个论据。

1. 各种各样的人都发布了以前保密的细节，使我们得以重建停战协定的讨论过程。这开始于1918年11月1日协约国战争委员会对停战条款的审查。[③]

---

① *The Truth about the Treaty*, p. 208.

② 例如，在国际事务研究所主持下出版的《巴黎和平会议的历史》(*The History of The Peace Conference of The Paris*)做出如下判断（第二卷，第43页）："那时就是这一声明（即威尔逊总统1918年11月5日的照会），在有关协约国有权通过《和平条约》要求赔偿的任何讨论中，都必须将此声明作为裁决文件，而且除了故意限制他们收回全部战争费用的毫无疑问的权利以外，很难将其解释为其他东西。"

③ 以下细节摘自梅尔梅克斯(Mermeix)1921年在巴黎奥伦多夫出版的《秘密会谈和四次停战协定》(*Les Négociations Secrètes et les Quatre Armistices avec pièces justificatives*)。这本引人注目的书没有得到应有的重视。它的大部分内容是协约国最高委员会那些与停战条款有关的秘密会议的逐字记录。从表面上看，这一披露是真实的，并得到了塔迪厄先生的部分证实。关于与我现在的话题无关的问题，有许多非常有趣的段落，例如，讨论了如果德军制造麻烦，协约国是否应该坚持要求德国舰队投降的问题。福奇元帅非常光荣地从这一记录中脱颖而出，他决心不向敌人提出任何不必要的要求，也不应为一个虚荣或微不足道的目的而流血。道格拉斯·黑格爵士(Douglas

第一个细节是协约国政府对威尔逊总统的答复（该答复后来提供了他 1918 年 11 月 5 日致德国的照会的文本），该答复界定了他们对"十四点"中提到的赔偿的解读。该细节由起草停战相关条款的最高委员会在**同一届会议**（11 月 1 日和 2 日）上起草并获得批准。该细节还表明，协约国只有在批准停战条款草案**之后**，才最终批准了对威尔逊总统的答复。而法国人认为，停战草案取代并否定了给威尔逊总统的答复中所概述的条款。①

最高委员会的会议记录（如现在所披露的那样）不能证明他们表里不一，而法国人认为他们是这样的。另一方面，会议记录显示，最高委员会没有打算让停战条款中提及的赔偿，以任何方式来修改它们对总统的答复。

到此为止，与这一细节相关的记录可概括如下：② 克雷孟梭先生提醒大家注意停战条款初稿中没有提及被盗财产归还或赔偿。劳合·乔治答复说应该提及归还，但赔偿是**和平**条件而非**停战**条件。

Haig）也有同样的看法。在回答豪斯上校（Col. House）的问题时，福奇这样说："如果他们接受我们强加给他们的停战条件，那就是投降。这样的投降给了我们从最大胜利中所能得到的一切。在这种情况下，我不能承认我有权再冒一个人的生命危险。" 10 月 31 日，他再次重申："如果我们的条件被接受，我们就不能再奢望什么了。我们发动战争只是为了达到我们的目的，我们不想徒劳地延长战争。"在答复巴尔福尔（Balfour）先生的提议（即德国人撤离东部时，应将他们三分之一的武器留在身后）时，福奇说："所有这些条款的插入使我们的文件显得荒诞，因为大部分条件是无法执行的，如果省掉这些无法实现的禁令，我们会做得很好。"他对奥地利也很人道，担心政客们提议的封锁延长。他在 1918 年 10 月 31 日说："严格来说，我介入的不是军事问题。我们将维持封锁直到和平，也就是说直到我们建立一个新的奥地利。这可能需要很长一段时间；这意味着一个国家注定要遭受饥荒，也许还要被迫陷入无政府状态。"

① 塔迪厄先生证实了这一点，同前引书，第 71 页。
② 见梅尔梅克斯，同前引书，第 226—250 页。

第五章 养恤金索赔的合法性

海曼斯(Hymans)先生同意劳合·乔治的意见。松尼诺(Sonnino)先生和奥兰多(Orlando)先生进一步认为,停战条款中虽没有提及归还和赔偿,但他们打算接受劳合·乔治和海曼斯的折中方案,即包括归还但不赔偿。上述讨论曾因海曼斯要起草一个方案而被推迟。第二天复会时,克雷孟梭先生提出了一个由三个词——修复损坏(Réparation des dommages)组成的方案。海曼斯先生、松尼诺先生和博纳·劳(Bonar Law)先生都对停战条款是否会用这一方案表示怀疑。克雷孟梭回应道,他只是想提及这一原则,如果没有提及,法国公众舆论会感到惊讶。博纳·劳先生对此表示反对:"在给威尔逊总统的信中,我们已经提及这一原则,威尔逊也即将向德国传达这一点,重复没有什么意义。"[1] 这么说并不矛盾,但考虑到情感和公众舆论的满意度,大家都同意加上克雷孟梭先生提出的三个词。委员会接着讨论其他议题。在他们即将散去的最后一刻,克洛茨先生无意中说了一句话:"在财政问题的开头加上一个保留协约国未来索赔权的条款是明智的。我向你们提议的措辞是'在不损害协约国随后任何索赔和要求的情况下'。"[2] 在场的任何人似乎都没有想到,该文本可能被视为具有重要意义,或者只是保护协约国免遭因未在该文件中提及而被视为已放弃现有任何索赔的风险。该文本未经讨论就被接受了。克洛茨先生后来吹嘘道,他用这个小小的手段废除了"十四点",目前为止"十四点"已经影响了赔偿和

---

[1] 塔迪厄先生(同前引书,第70页)也引用了博纳·劳先生这句非常重要的话,因此具有无可置疑的真实性。

[2] "将条款放在保留未来协约国要求的财务事项的前面是审慎的做法,我提议以下内容:'以所有随后的要求和协约国的要求为准'。"

财政(尽管协约国在同次会议上都已发给威尔逊总统接受"十四点"的照会),并确保了协约国有权要求德国支付全部战争费用。但是我认为全世界都明白,最高委员会没有特别重视这些词是正确的。个人对如此精巧的小伎俩感到自豪,导致克洛茨先生和他的同事塔迪厄先生对这一主张坚持太久了,而这一主张现在已经被体面的人所摒弃。

与这段话有关的一个小插曲最近被曝光,这段话可能被重新表述,用来揭示这个世界的陷阱。由于克洛茨先生只是在委员会解散时才介绍他的措辞,因此很可能没有引起过多关注。但是厄运可能会折磨任何人,比如同样的情况似乎已经导致一位抄写员把这些词记错了。在交给德国人签字的文本中,并没有"复仇"(revendication)这个词,意思是"要求"(demand);而"让步"(renunciation,原文误写为"renonciation"。——译者)这个词,意思是"放弃"(concession)。① 这个词不太合适。但是,克洛茨先生由于这个错误所遭受的不便比预期的要少;因为在和平会议上,没有人注意到正式分发的停战协议的法国文本(克洛茨先生在赔偿委员会辩论时使用了这一文本),在措辞上与他原本的意图一致,但是与德国实际签署的文本不一致。尽管如此,在英国和德国政府的官方文本中仍然可以找到"让步"(renunciation,原文误写为"renonciation"。——译者)这个词。②

---

① 也就是说,该文本是"除非有任何豁免和随后的索赔(Sous réserve de toute renonciation et réclamation ultérieure)",而不是"受到所有后续索赔和投诉的约束(Sous réserve detoutes revendications et réclamations ultérieures)"。

② 我把这一小插曲记录为一个历史奇观。在我看来,这并没有实质性区别,无论

2. 另一个论据提出了更微妙的智力问题，而不仅仅是变戏法。如果允许我们的权利受威尔逊总统1918年11月5日在协约国授权下照会德国的条款所约束，那么问题就取决于对这些条款的解释。由于巴鲁克（Baruch）先生和塔迪厄先生现在已经发表了他们在和平会议期间讨论该问题的大部分正式报告（包括非常秘密的文件），我们能够比以前更好地评估协约国做法（收取养恤金。——译者）的价值。

规定构成和平基础的总统声明应该"没有捐赠"和"无惩罚性损害"，但比利时、法国、罗马尼亚、塞尔维亚和黑山被侵略领土将被恢复。这不包括潜艇损失或空袭造成的损失。因此，协约国政府在接受总统的方案时，关于"恢复"涵盖的内容，协约国政府在以下句子中表示保留："通过这样做（即恢复被入侵的领土），他们认为德国将赔偿其通过陆海空侵略对协约国平民及其财产造成的一切损害。"

读者必须记住，这些词是用来解释"恢复被入侵的领土"这一短语的。这些词的自然含义和目的是将潜艇和巡洋舰的海上侵略、飞机和飞艇的空中侵略等同于陆路军事侵略，在所有情况下，只要事先得到及时通知，陆路军事侵略都是该短语的合理延伸。协约国有理由认为，如果他们接受该短语所代表的，那么"恢复被入侵的

文本是"索赔和投诉（revendications et réclamations）"还是"放弃和投诉（renonciation et réclamation）"；因为我认为任何形式的文字都仅仅是一个保护性的短语。但是，如果后一短语是真实的话，那么克洛茨先生的立场的合理性就会被削弱（如果情况如此弱小，则有可能进一步弱化）。国际事务研究所《巴黎和平会议的历史》的编辑是第一个发现和发表这一分歧的人（第五卷，第370—372页），他认为，使用哪一文本这一问题对克洛茨先生论据的价值有实质性影响。

领土"可能仅限于陆路军事侵略所造成的损害。

美国代表团在巴黎通过了协约国政府保留的这一解释,即它将海上或空中的侵略行动等同于陆上的侵略行动,但"恢复被入侵的领土"不可能包括养恤金和分离津贴(separation allowance)。就这种侵略所造成的"对非军事财产的直接有形损害和对平民的直接身体伤害"而言,美国代表团将德国的赔偿责任理解为他们承认的唯一超越总统声明中另一部分规定的责任,[①] 这部分规定指违反国际法有关的行为,例如违反有利于比利时的《中立条约》(the Treaty of Neutrality),以及对战俘的非法待遇。

如果英国首相没有因为承诺从德国榨取超过这一解释所支持的数额而赢得大选,[②] 如果法国政府也没有提出不合理的期望,我怀疑是否会有人质疑这种解释。英国首相的承诺是鲁莽做出的,但是他们的作者在这些承诺刚做出不久就承认,这些承诺会与我们的约定背道而驰,是不容易的。

讨论开始时,除美国以外的代表团声称,我们没有任何承诺阻止我们要求德国赔偿所有战争造成的直接和间接的损失和损害。巴鲁克说:"其中某协约国甚至走得更远,认为停战协议的缔结太突然了,终止敌对行动使它陷入财政损失,因此要求赔偿。"

在早期阶段,人们采用了各种论据,参加和平会议赔偿委员会的英国代表们,即休斯(Hugues)先生、萨姆纳(Sumner)勋爵和坎

---

① Baruch,同上,p.19。
② 正如巴鲁克先生所说(同前引书,第4页):"在停战协议和基本和平条款达成协议之后举行的一次选举中,英国人民以压倒性多数让他们的首相,*在这些和平条件的严重性有所增加的基础上重新掌权,尤其是那些赔偿问题。*"(斜体字是我说的)

第五章 养恤金索赔的合法性

利夫（Cunliffe）勋爵，支持索赔所有战争费用，而不仅仅是赔偿损失。他们敦促（1）威尔逊总统所阐明的原则之一就是《和约》的每一项都应公正，将战争的全部代价都让德国承担符合正义的一般原则；（2）英国的战争费用是由于德国违反比利时《中立条约》造成的，因此英国（但在这一点上其他协约国未必是这样）有权根据国际法的一般原则得到全额偿还。我认为，约翰·福斯特·杜勒斯（John Foster Dulles）先生代表美国所作的发言压倒了这些一般性论点。以下是他所说的摘录："如果严苛的赔偿原则符合我们的情绪。并且这些原则包括一切符合我们的实际利益，那么我们为什么只建议某些有限方式的赔偿而无视这些动机呢？先生们，那是因为我们不认为自己是自由的。我们在这里不是要把敌人应公正支付多少赔偿视为一种新颖的提议。我们面前没有一页空白，可以让我们自由地书写我们的主张。诚然，我们面前有一页，但已经写满了文字，最底下是威尔逊先生、奥兰多先生、克雷孟梭先生和劳合·乔治先生的签名。我敢肯定，你们都知道我所指的文字——《和约》是与德国达成和平协议的基础。"然后杜勒斯先生回顾了有关段落说："是关于该协议确实构成了限制，这一点有疑问吗？很明显，在1918年10月和11月的谈判中，人们认识到，作为和平条件协约国政府要求敌方进行的赔偿会被限制在当时规定的赔偿范围内。德国的全部目的是确定和平条件下它会被要求的最大赔偿额。协约国在当时为了扩大最初建议的赔偿而特别规定的行动，只有基于这样一种理论才可解释得通，即一旦达成协议，他们将不会再自由地规定德国必须的赔偿。因此，我们同意，如果德国愿意做某些规定的事情，我们将给予德国和平。我们现在是否可以说：'是的，但在你得到和平之前,你必须做更多其他的事情'?我们已经对德国说,'在其他事情中,如果你进行了某些赔偿,比如说,一千万美元,你就可以得到和平。'难道我们现在还没有明确地禁止说:'你可以得到和平,只要你完成其他赔偿,这将使你的总债务是原来规定的许多倍'?没有;不管敌人进行的其他赔偿是否公正,现在已经太晚了。我们达成的协议不管是好是坏,都只是为了使它有一个合理的解释且符合实际而已。"

这是一个可耻的记忆,英国代表从来没有撤回他们的全部要求,当1921年3月这个问题被最高委员会拿走时,他们仍然坚持这些要求。美国代表团给当时在海上的总统发了电报,要求他支持他们的立场,总统回答说,美国代表团应对以下程序表示异议,必要时可公开,即"显然与我们故意引导敌方期望的不一致,现在不能仅仅因为我们有权力而光荣地改变"。[①]

在此之后,讨论进入了一个新阶段。英法两国首相放弃了代表们的主张,承认1918年11月5日他们的照会中所载词语的约束力,并决定从这些弥合分歧并满足选民的词语中提取某种意义。什么构成"对平民造成的伤害"?难道这不能用来支付军人养恤金和士兵的平民家属的分离津贴吗?如果能支付的话,那么德国支付的赔偿可以被提得足够高,让几乎所有人都满意。然而,正如巴鲁克先生所记录的那样,有人指出:"因没有工薪阶层而造成的经济损失,不会比因提供军事装备和类似战争成本而缴税所造成的同等经济损失给'平民'带来更大的'伤害'。"事实上,分离津贴或养恤金

[①] Baruch,同上,p. 25。

第五章　养恤金索赔的合法性

只是由战争成本引起的许多一般性国库支出中的一项。如果将这样的支出视为对平民的伤害，那么，这又快速回到索赔战争的全部成本上来，理由是这些成本必须由纳税人（一般来说，即平民）承担。这一论据的诡辩通过把它推到合乎逻辑的结论上而暴露出来。也不清楚如何用词语来解释养恤金和津贴，这些词语本身是用来解释"恢复被入侵领土"这一短语的。尽管总统现在非常渴望改变（因为他手头上还有其他的论战都比这更令他感兴趣），但他的良知仍然没有人相信。

美国代表们记录说，最终的论据压倒了总统最后的顾忌，它包含在斯穆茨（Smuts）将军于1919年3月31日起草的备忘录中。[①] 简言之，这一论据是，士兵退伍后重新成为平民，因此，他离开军队后持续存在的创伤是对平民造成的伤害。[②] 这就是"对平民造成的伤害"包括对士兵造成的伤害的论据。这就是我们的案子最终所

[①] 本备忘录由巴鲁克先生（同前引书，第29页，后文）全文发表，属于最机密文件。它本身是在没有附带环境的情况下被提供给世界的，如果没有证明其论据是正确的（事实上，除了我们在巴鲁克先生的叙述中已有的论据之外，再也不能有任何进一步的说明），就可能对个人动机进行说明。我同意《经济学人》（1921年10月22日）在回顾《巴黎和平会议的历史》第四卷（由国际事务研究所主持出版）时所作的评论，该卷重印了本备忘录，"如果继续复制和散发这份文件，而不对其编写的情况作任何解释，这将对斯马特将军的声誉造成非常严重的不公正。"尽管如此，世界应该拥有这份文件，而且它必须在故事中占据一席之地，对世界来说，这比每个参与者的动机和声誉更为重要。

[②] 备忘录的主要段落如下："在士兵因不适而退伍后，他重新加入了平民人口，至于将来他不能（完全或部分）谋生，他作为平民人口的一员正在遭受损害，德国政府对此也有责任赔偿。换言之，他从法国政府领取的伤残抚恤金实际上是德国政府的一项债务，他们必须根据上述保留向法国政府做出补偿。不能说，由于他是当兵时残疾的，如果他不适合做普通工作，他退伍后就不会受到平民损害。他退伍后确实以平民身份受苦，他的养恤金是为了弥补这种损失，因此是德国政府的责任。"

依据的论据。因为总统的良心抓住了这根稻草,事情就解决了。

这件事已经在四个人的秘密讨论下解决了。我将用美国代表之一拉蒙特先生的话来描述最后一幕:[①]

> 我清楚地记得威尔逊总统决心支持将养恤金列入赔偿账单的那一天。我们中的一些人被他召集到他位于美国广场的图书馆里,讨论养恤金这一特殊问题。我们向他解释说,我们在美国代表团中找不到一位律师会就包含养恤金给出支持意见。所有的逻辑都反对它!"逻辑!逻辑!"总统喊道,"我一点也不在乎逻辑。我要包括养恤金!"[②]

好!也许当时我离这些东西太近了,情绪也被触动了,但我不能"或多或少地耸耸肩"。不管这是不是一个恰当的姿态,我在这里阐述了我们对德国提出的 2/3 索赔所依据的道德基础,以供英国人和我们的盟国检查。

[①] What Really Happened at Paris, p. 272.
[②] 拉蒙特先生补充道:"这不是对逻辑的蔑视,而只是对技术的不耐烦;是一种摒弃陈词滥调、从根本上解决问题的决心。房间里没有一个人的心,不在以一种类似的感觉跳动。"这些话不仅有点天真地反映了现代机会主义者对合法性的不耐烦和对既成事实的尊重,而且还使人想起这种可怕的争论所引起的疲惫气氛和每个人渴望结束这一切,几个月来,这一争论同时激怒了大多数参与者的才智和良知。

然而,即便如此,美国代表团仍然坚定地支持法律,只有总统和他一个人屈服于说谎的政治迫切需要。

第六章　赔款、协约国间债务和国际贸易

目前流行的做法是，敦促协约国减少向德国的索赔，并减少美国向协约国的追偿，因为这些赔偿只能用商品来支付，坚持这些索赔肯定会损害索赔方。

减少协约国和美国各自的索赔符合他们自身的利益，我认为这是正确的。但是最好不要用蹩脚的论据，不劳而获必然有害这一建议既不靠谱，也不正确。在这一章中，我试图分清现在流行观点的真假，即强迫德国（或欧洲）"向我们扔东西"是有害的。

这一论据有点复杂，读者必须有耐心。

1. 无论是债务国直接向债权国运送商品，还是将商品卖到其他地方然后汇款，这两者之间没有太大区别。在这两种情况下，商品都投放到世界市场，并且跟债权国同行业进行竞争式或合作式销售，要视具体情况而定，这两者的区别取决于商品的性质，而不是所销售的市场。

2. 只要是债务国因为其他某种原因，比如为了支付自己的进口而出售其竞争性商品，**指定**非竞争性商品来偿还债务就没什么用。这只是躲避现实。例如，如果强行刺激德国的出口，它就有可能从

其原本出口的商品总量中挑选出一些非竞争性商品。但是，假装是用这些特定商品而不是其他商品在偿还债务，丝毫不会影响局势。因此，如果德国无论如何都会出口某些特定商品，那么规定它应以这些特定商品付款是没有用的。同样，禁止德国以某些特定商品支付也是没有用的，如果这仅意味着它会将这些商品出口到其他市场，为其进口付款。无论是我们让德国以特定商品偿付，还是美国让我们以特定商品偿付，都没有权宜之计能影响这种情况，除非有办法改变付款国**作为一个整体**的出口形式。

3. 此外，如果这些商品在任何情况下都能在世界市场上销售，那么即使是在竞争性销售的情况下，我们免费获得商品收益，也没有什么害处。

4. 如果迫使债务国付款的结果是使其以较低的价格销售有竞争力的商品，那么尽管对债权国整体而言利大于弊，但债权国生产这些商品的特定行业却必然会受到损害。

5. 只要债务国的付款不是付给与债务国商品有竞争的国家，而是付给第三方，那么显然没有什么优势可以抵消第 4 条下的直接劣势。

6. 对债权国整体而言，相抵后的优势是否大于对该国特定行业的损害，这一问题的答案是，要看债权国合理预期的继续收到付款的期限长短。起初，遭受竞争影响的行业及其从业人员受到的损害可能会超过收到付款的好处。但是，随着时间的推移，资本和劳动力被吸收到其他行业，相抵后的优势可能会产生。

将这些一般原则适用于我们和德国的特定情况是容易的。德国的出口与我们的出口竞争非常激烈，如果强行刺激德国的出口，

第六章　赔款、协约国间债务和国际贸易

它肯定会不得不向我们兜售商品。这一点不会因为以下事实而有所改变，即德国有可能挑选出一些没有竞争力的出口产品或潜在出口产品，如碳酸钾或糖。如果德国想拥有**大量**的贸易顺差，它就必须增加有竞争力商品的出口。在《和约的经济后果》(第175—185页)中，我根据战前的统计数字非常详尽地论证了这一点。我不仅展示了它必须出售的商品，而且还展示了其出口市场在很大程度上与我们的出口市场存在竞争。战后贸易的统计数字表明，前一论据仍然成立。下表显示了德国出口贸易中，主要出口商品在以下几个时间段所占的份额(1)1913年，(2)1920年前9个月(我有这种精确形式数据的最新期间)，和(3)1921年6月到9月这4个月，我认为，最后这些数字代表了不完全可比的分类，并且只是暂时的：

	总出口中的百分比		
	1913年	1920年(1—9月)	1921年(6—9月)
钢铁产品	13.2	20	22
机械(包括汽车)	7.5	12	17
化学品和染料	4	13	9.5
燃料	7	6.5	7
纸品	2.5	4	3.5
电器产品	2	3.5	?
丝织品	2	3	15(丝织品、棉织品、毛织品合计)
棉织品	5.5	5	
毛织品	6		
玻璃	0.5	2.5	2
皮革制品	3	2	4
铜制品	3.5	1.5	?

因此，很明显，尽管除了煤以外的原材料（如碳酸钾、糖和木材）产量可能微乎其微，但德国只能通过出口钢铁产品、化学品、染料、纺织品和煤炭来进行大规模的出口贸易，因为只有这些商品是德国能够大量生产的。很明显，自战争以来，不同出口贸易的相对重要性并没有明显变化，不过，汇率的变化在一定程度上刺激了诸如铁制品、机械、化学品、染料和玻璃等产品相对于其他产品的出口，这些产品不涉及太多的原材料进口。

因此，强迫德国支付巨额赔款，与强迫德国扩大上述部分或全部商品的出口（扩大的程度要比不强迫时更大），是一回事。它能实现这种扩张的唯一办法，就是出售商品的价格要比其他国家愿意出售的价格更低。使自己有能力低价出售商品，一方面要通过降低德国工人阶级的生活水平却没有同等程度地降低其工作效率，另一方面要以牺牲社会其他人的利益为代价直接或间接地补贴出口行业。

这些以前被忽视的事实，现在可能被大众舆论夸大了。因为我们需要注意上述原则3。无论我们是否强求德国赔偿，我们的工业都会与德国进行激烈的竞争，就像战前一样。我们绝不能将任何情况下都会存在的竞争归咎于赔偿政策的不便。补救办法不在于现在流行的灵丹妙药，即规定德国应以何种**方式**进行支付，而在于将赔偿**总额**减少到一个合理的数字。因为通过规定它向我们付款的方式，并不能控制它整体的出口贸易形式。为了赔偿目的，我们接纳了德国特定类型的全部出口，从而迫使它扩大其他类型出口，用以支付进口，并履行其他国际义务。另一方面，我们可以从它适度的付款中获得担保，例如，它可能在某种程度上一直在进行新的外国投资，而不是通过刺激其整体出口使其规模更大。只从英国自身利益来看,这也是正确的。

原则 5 和 6 的实际应用也很清楚。就原则 5 而言,英国要获得的不是全部赔偿,而是大约 1/5 的赔偿。而原则 6 则提供了一个论据,在我看来,这个论据一直是决定性的。至少可以说,不能指望长期大规模支付赔款的**持久性**。谁会相信协约国将在一两代人的时间内,对德国政府施加足够的武力,或者相信德国政府能够对其臣民施加足够的权威,持续不断地从强迫劳动中大规模地榨取果实?没有人真心相信,一个都没有。我们不可能将此坚持到底。但是,可以肯定的是,据此原则,在两三年内扰乱我们的出口贸易,破坏我们的工业均衡是不值得的,更不用说危害欧洲的和平了。

这些原则同样适用于美国,也适用于美国追偿协约国政府所欠债务,但有一项修改。美国的工业将遭受损失,与其说是来自协约国在努力偿债时出售廉价商品的竞争,还不如说是因为协约国无力从美国购买其正常的出口份额。协约国将不得不找钱来支付美国,与其通过多卖钱,还不如正常通过少花钱。因为关键可以阻止进口的增加,却没有什么办法可以阻止出口的下降,美国的农民将比制造商遭受更大的损失。然而,一个奇怪的事实是,华尔街和东部的制造业准备考虑修改债务,但据报道(我不知情地写到),中西部和南部却坚决反对这样做。两年来,德国不需要向协约国支付现金,英国的制造商**完全不清楚**会给自己造成什么后果。协约国还没有被要求开始向美国支付现金,而美国的农民仍然像英国的制造商一样,**完全不清楚**协约国认真全额付款后将遭受什么伤害。我建议来自美国农业地区的参议员和国会议员,立即投入一些谨慎来反对哈丁(Harding)政府根据舆论和事件的进展努力为自己争取在这一问题上采取明智(甚至可能慷慨的)行动的自由,以免他们很快就像我们自己的高额索赔者一样遭受道德和智力上的耻辱。

然而,对美国和对英国一样,这一决定性的论据不是指对特定利益的损害(这种损害会随着时间的推移而减少),而是指即使短期内得到偿付,也不可能持续收回债务。我这样说,不仅因为我怀疑欧洲协约国的支付能力,而是因为美国在任何情况下都面临着一个巨大的难题,即如何平衡自己跟旧世界的商业账户。

美国经济学家从战前角度仔细研究了变化的统计指标。根据他们的估计,除了协约国政府的债务利息外,现在欠美国的外国投资利息要比它应付的利息多。美国的商船现在从外国赚的钱比它因类似服务而欠外国的要多。美国每年的商品出口额超过进口额近30亿美元。[①] 而在支付方面,主要是支付给欧洲的旅游以及移民汇款,估计每年不超过10亿美元。因此,为了平衡目前的账户,美国必须以某种方式向世界其他国家提供每年不少于20亿美元的贷款,如果欧洲政府战争债务的利息和偿债基金得到偿还,这笔贷款还将增加大约6亿美元。

因此,最近美国肯定是一直在向世界其他国家,主要是欧洲提供贷款,每年大约有20亿美元。对欧洲来说幸运的是,其中相当一部分贷款是通过投机性购买贬值的纸币实现的。从1919年到1921年,美国投机者的损失养活了欧洲。但是,几乎不能永久指望这一收入来源。在一段时间内,贷款政策可以满足这一形势,但随着以

[①] 到1920年6月为止的那年经济繁荣,贸易总额为133.5亿美元,出口超过进口28.7亿美元。到1921年6月为止的那年经济部分萧条,贸易总额达101.5亿美元,出口超过进口28.6亿美元。

往贷款利息的累积，这一政策长期肯定会使形势恶化。

商业国家总是在海外贸易中使用大量资金。但是，我们现在所知道的外国投资方式非常现代，也非常不稳定，而且只适合特殊情况。一个老牌国家可以这样一次发展成一个新的国家，而新的国家却不可能仅靠自己的资源来发展。这种安排可能是互利的，贷款人可能希望从丰厚的利润中得到偿还。但这一地位是无法逆转的。如果将欧洲的债券在美国发行，类比成19世纪美国的债券在欧洲发行，那么这一类比将是错误的。因为，从总体上看，欧洲的债券没有自然增长，也没有**真正的**偿债基金，可以用来偿还这些欧洲的债券。只要可以获得新贷款，利息就由新的贷款来提供，而且融资结构中的债务总会越堆越高，直到不值得再维持这一幻想（有偿还基础）为止。基于常识，美国投资者不愿意购买欧洲的债券。

1919年底，我在《和约的经济后果》中主张美国向欧洲提供重建贷款，但条件是欧洲要把自己的事情处理好。在过去两年里，尽管欧洲对此不满，但事实上，美国还是提供了**巨额**贷款，远远超过了我所预想的数额，尽管不是主要以定期发行美元债券的形式。这些贷款没有附加任何特殊条件，而且大部分资金已经损失了。虽然损失了一部分，但这些贷款帮助欧洲度过了停战后的关键日子。但是，持续提供贷款并不能解决现有债务余额中的不平衡问题。

在某种程度上，这种调整可能是由于美国取代了迄今为止由英国、法国和（在小规模上）德国占据的地位，为那些不如自己发达的世界新地区（英国自治领和南美洲）提供资本。俄罗斯帝国在欧洲和亚洲也可能被视为处女地，日后也将为外国资本提供一种合适的出路。美国投资者将会按照英国和法国投资者过去的贷款方式，更明智地向这些国家提供贷款,而不是直接向欧洲的老牌国家提供贷款。但是,这样也不太可能消除整个缺口。最终,可能很快,进出口贸易差额就必须重新调整。美国必须多买少卖,这是它向欧洲赠送年度礼物的唯一选择。或者必须让美国的物价上涨速度快于欧洲(如果美国联邦储备委员会允许黄金流入,这种情况自然就会发生),如果做不到这一点,那么欧洲汇率的更大贬值也肯定会带来同样的结果,直到欧洲由于无力购买而将其购买量减少到必需品为止。刚开始时,美国出口商不能一下子抛弃出口产品的所有生产线,可以通过降低价格来应对这种情况。但是当这些价格持续低于生产成本时,比如说持续两年后,出口商将不可避免地被迫缩减或放弃出口业务。

美国认为,至少可以维持目前的出口水平,同时通过关税来限制进口,从而实现平衡,这是没有用的。就像协约国要求德国支付巨额赔款,然后又运用他们的聪明才智阻止德国支付一样,美国政府一方面设计出口融资方案,另一方面又设计关税,使得这些信贷很难偿还。伟大的国家往往会有一定程度的愚蠢行为,如果个人有这些行为,我们不应原谅。

通过向美国运送世界上所有的金条,并在那里放置巨额黄金财富,可能偿债会得到短暂的延期。但总有一天,美国甚至可能会拒绝黄金,但仍要求被支付——一个新的迈达斯(Midas)徒劳地索要比它自己合同中要求的更多的债权。

无论如何,这种调整都将是严重的,并且对重要利益都是有害的。此外,如果美国要求协约国偿还债务,这一形势将是无法容忍的。如果它不屈不挠地坚持到底,放弃出口行业,将现在用于出口行业的资本转移到其他用途，并且如果它以前的欧洲伙伴决定不惜一切代价履行义务，我不否认最终的结果可能是符合美国实际利益的。但这一计划完全不切实际，根本不会发生。没有什么比这更确定的了，那就是美国不会将这样的政策奉行到底。一旦它经历了该政策的第一次后果，就会放弃它。如果美国奉行这样的政策，协约国也不会付钱。这一情况与德国的赔偿情况完全一致。美国不会将协约国的债务征收到底，就像协约国不会将现在德国的赔偿征收到底一样。从长远来看，这两者都不是严肃的政治。几乎所有消息灵通的人都会在私下交谈中承认这一点。但我们生活在一个奇怪的时代，新闻界的言论被刻意设计成与最不知情的人意见一致，而并不是与完全知情人的意见一致。因为前者的传播范围更广。因此在相当长的时期内，书面语和口语之间会出现可笑的或可怕的分歧。

如果真是这样，对美国来说，奉行一项它肯定会在自己获利之前放弃的政策，恶化其与欧洲的关系，并扰乱其出口行业秩序两年之久，都不是什么好事。

为了替喜欢抽象陈述的读者着想，我这样总结这一论据：国际贸易均衡是建立在世界各国农业与工业之间复杂的平衡基础上的，并且是以各国劳动力和资本使用方面的专业化为基础的。如果一国被要求在不付款的情况下向另一国转让大量商品（国际贸易均衡是不允许的），那么平衡就会被破坏。既然资本和劳动力在某些用途中是固定的和有组织的，不能自由地流向其他用途，那么，这种平衡的扰乱就会损害已经固定的资本和劳动力效用。现代世界的财富在很大程度上所依赖的**组织**也会受到伤害。随着时间的推移，一个新的组织和一个新的均衡可以建立起来。但是，如果扰乱的起因是暂时的，对组织所造成的伤害可能超过不付款而收货的利润。况且，由于损失将集中在特定行业使用的资本和劳动力上，这些损失会引起强烈抗议，因为其与整个社会所受伤害不成比例。

第七章 《和约》的修订与欧洲问题的解决

劳合·乔治先生把我们领进的泥沼越深越脏,他把我们拉出来的功劳就越大。他领我们进去,是为了满足我们的私欲;领我们出去,是为了拯救我们的灵魂。他把我们送到报春花路上,并及时扑灭了篝火。谁曾像我们一样享受天堂和地狱的美好?

在英国,舆论已经摇摆不定,首相正准备赢得大选,大选口号是关于"禁止德国支付工资,为每个人提供就业机会,为所有人创造一个更幸福的欧洲"。为什么不呢?但是,我们的浮士德摇晃得太快了,他那万花筒般的光环和地狱之火,让我无法描绘它们融为一体时的色彩。我将更好地构建一个独立的解决方案,从某种意义上说,只有改变大众意愿才能实现这一方案,这是**可能的**。我希望这一方案能对大众意愿产生一点影响,但我把它留给那些关心其事的人来判断,在安全的时刻将这种图案绣在政治旗帜上。

如果我回首两年前,再读一读我当时写的东西,就会发现当时面临的危险现在已经安全地过去了。欧洲普通民众的耐心及其机构的稳定熬过了他们受到的最严重的冲击。两年前,激怒了**正义、仁慈和智慧的**《和约》,代表了胜利国家的一时意愿。受害者会有耐心吗？或者他们会被绝望和贫困所驱使去动摇社会的根基吗？我们现在有答案了。他们一直很有耐心。除了个人的痛苦和伤害之外，什么都没有发生。欧洲共同体正在建立一种新的平衡。我们几乎准备好了将自己的思想从避免灾难转向恢复健康。

除了普通民众的耐心之外，还有其他的影响。普通民众的耐心已经（以前也常常）将帮助欧洲渡过了更严重的灾难。当权者的行动比他们的言辞更明智。如果我们说，除了与边界和解除军备有关的部分以外，《和约》的任何部分都没有得到执行，是有点夸张了。我所预言的与执行赔偿一章伴随的许多不幸都没有发生，因为我们没有认真尝试去执行赔偿一章。虽然没有人能够预测《和约》的制定者会用什么特定的调料来食言，但这一章的实际执行已经不存在任何问题。还有第三个因素，并不完全符合人们的期望，乍一看是矛盾的，但却是自然的，而且与过去的经验是一致的。这个因素就是工人阶级会在利润增长期而不是在困难重重时自我煽动去威胁雇主。时局不好遭受贫穷时，他们又会疲惫地默然接受。英国和整个欧洲都在1921年学到了这一点。法国大革命的爆发难道不是因为18世纪法国日益增长的财富（当时法国是世界上最富有的国家），是因为旧政权苛捐杂税的压力吗？使人想摆脱的是奸商的压榨，而不是贫穷的束缚。

因此，尽管贸易萧条和汇率混乱，但实际上，欧洲比两年前更加稳定、更加健康，思想上的干扰也少了。这个被战争摧毁的欧洲得到了部分恢复。除东欧外，运输基本得到修复。除俄罗斯外，各地都大丰收，原材料也很丰富。英国和美国及其海外市场都经历了比以往更繁荣的贸易周期。有迹象表明，最糟糕的时刻已经过去。

第七章 《和约》的修订与欧洲问题的解决

仍然存在两个障碍。《和约》虽然没有被执行，但也没有被修改。包括货币监管、公共财政和外汇的部分组织，仍然几乎和以往一样糟糕。在大多数欧洲国家，政府支出和收入之间仍然没有保持适当的平衡，因此通货膨胀仍在继续，其货币的国际价值也处于波动和不确定中。接下来的建议主要是针对这些问题的。

同期一些重建欧洲的计划因过于溺爱或过于复杂而出错，有时也因为过于悲观而出错。病人既不需要药物也不需要手术，而是需要健康和自然的环境，他们才能自我恢复。因此，一个好的计划必须主要是**消极的**：它必须包括摆脱束缚，简化情形，取消徒劳但有害的纠葛。目前每个人都面临着他们无法履行的义务。在欧洲各国财长面临的问题成为**可能**之前，人们几乎没有动力投入精力或施展技能。但如果情形被弄成这样，一个资不抵债的国家只能自责，那么每个独立的国家，即使有最高的诚信和最完善的金融技术也只能自怨自艾。通过本章的建议，我寻求的不是指定一个解决办法，而是创造一种情形，在此情形下有可能解决问题。

因此，就其主要内容而言，我的建议并不新颖。现在人们所熟悉的部分或全部取消赔偿和协约国内部债务，是建议中不可避免的主要特点。但那些不准备采取这些措施的人，绝不能假装对欧洲重建非常感兴趣。

只要这种取消或减少使英国让步，一个英国人就可以带着对本国民意趋势的了解毫不尴尬地记录下来。但如果使美国让步，他面临的困难就会更大。美国新闻界部分人的态度提供了一种几乎不可抗拒的诱惑，来破除那些被认为能促进国家间友好关系的骗术（或不相关半真半假的陈述）；这种表态很容易，而且非常值得尊敬；

更糟糕的是，这种态度甚至可能在坦诚有害的情况下起到好作用。我带着怀疑和不安的良知走了相反的路，但我（不仅在本章，而且在我的书中）得到了一种希望的支持。即从长远来看，坦率是有益的，即使它一开始会制造麻烦，这种希望可能是迷信的。

到目前为止，德国还没有支付大规模赔偿，协约国也还没有向美国支付他们所欠的利息。因此，我们目前的麻烦既然不是因为战争的后遗症和贸易的周期性萧条，那么它们就是由于赔偿执行的不确定性，而不是由于这些赔偿的执行。因此，只是拖延这个问题对我们没有好处，这就是我们两年来一直在做的事情。即使把我们的赔偿要求降低到德国最大的实际支付能力，并真正迫使它支付，也可能使事情变得更糟。将协约国内部的债务减半，然后设法收回，将会加剧现有的困难，而不是解决困难。因此，解决办法绝不是试图从每个人身上榨取理论上的最后一分钱，其主要目标必须是给每个国家的财政部长制造麻烦，让他们在今后五年内能明智解决。

一、《和约》的修订

赔偿委员会已评估《和约》的索赔为1 380亿金马克，其中1 320亿是养恤金和损害赔偿金，60亿是比利时债务。他们没有说明这1 320亿金马克在养恤金和损害赔偿金之间的比例。我自己对《和约》索赔的评估是1 100亿金马克，其中740亿用于养恤金和津贴，300亿用于损害赔偿，60亿用于比利时债务。

第六章的论据使那些被说服的人必须放弃对养恤金和津贴的不光彩索赔。这就把索赔额减少到了360亿金马克，这一数额可能完全不符合我们的利益,但可能在德国的理论支付能力内。

除了清除各种不再有效或有用的条款,并根据下述条件终止占领以外,我对《和约》的修订应限于又快又简单的大笔一挥。让我们用360亿金马克取代目前1 380亿金马克的评估。

根据停战协议,我们完全有权得到这360亿金马克。如果出于谨慎的考虑,建议减少一点儿赔偿,而只有那些有权获得赔偿的国家才能按条件适当地减少。我有信心估计,这360亿的总额可以在协约国之间按下表所示的比例分配。

	损害赔偿金	比利时债务	总额
英国	9	2	11
法国	16	2	18
比利时	3	…	3
意大利	1	…	1
美国	…	2	2
其他	1	…	1
合计	30	6	36

根据我的判断,德国对这笔总额支付5%的利息和1%的偿债基金在理论上并非不可能。但要做到这一点,必须以一种对英国有害并激怒英国的方式来刺激德国的出口产业,同时强加给德国一个财政难题,会使其财政不健全,政府软弱不稳定。尽管支付在理论上是可能的,但我认为在30年内实际上是不可能的。

因此,我建议,作为上述《和约》修订的一项单独安排,英国应放弃全部索赔,但为下文所述特殊目的而保留的10亿金马克除外。并且英国应承诺通过取消意大利和小额索赔方所欠债务来重新调整他们的索赔额,从而使德国向法国支付180亿金马克,向比利时支付30亿金马克(假设美国也将放弃欠自己的那点小钱)。这笔款项应在30年内每年支付应付款的6%(即5%的利息和1%的偿债基金)。假设可以通过小的调整来延长偿付期,我们有理由认为,这笔款项可以在不给任何人造成严重伤害的情况下支付。

只要证明用商品而不是用现金来清偿债务是方便的,情况就更好了。但我认为强调这一点并没有什么好处。更明智的做法是让德国尽其所能找到钱,以商品形式的付款形式都要通过双方协议达成,比如《威斯巴登协议》(the Wieshaden Plan)。

然而,在长达30年的时间里,以**黄金**为单位来确定年度付款可能会导致巨大的反常现象。如果金价下跌,德国的负担可能会变得难以忍受。如果金价上涨,索赔方可能得不到他们的预期。因此,年度支付额应该由某个公正权威机构根据黄金的商品价值指数进行调整。

另一项《和约》修订涉及占领。作为新的解决方案的一部分,如果协约国军队完全撤出德国领土,并且放弃出于任何目的侵略权,除非国际联盟的多数票允许保留,那么这将促进欧洲的和平。但作为回报,英国和美国应保证向法国和比利时提供除战争外的一切合理援助,以确保其因减少索赔额而得到补偿,但德国应保证其莱茵河以西领土的完全非军事化。

二、协约国的补偿

法国 接受这一解决方案符合法国的利益吗?如果再加上英

第七章 《和约》的修订与欧洲问题的解决

国和美国通过取消法国欠他们的债务而做出进一步的让步，这就绝对符合法国的利益。

它目前的索赔和债务各是多少？它也有权得到德国支付额的52%。我已经计算了《伦敦协议》下这一金额：(a)以德国出口额每年60亿金马克来计算，德国支付额是35.6亿金马克；(b)以出口额每年100亿金马克来计算，德国支付额是46亿金马克。因此，根据假设(a)，法国的索赔份额为每年18.5亿金马克，根据假设(b)，每年为23.9亿金马克。另一方面，她欠美国36.34亿美元，欠英国5.57亿英镑。如果将这些款项按平价汇率兑换成金马克，并按5%的利息和1%的偿债基金计算其年支付，则它的债务为每年14.8亿金马克。这就是说，如果德国全额支付，如果对其出口增长采用更有利的假设(b)，在现有安排下，法国期望得到的每年净额最多为9.1亿金马克（4 550万英镑黄金）。然而，根据修订后的计划，它不仅有权获得更大的金额，即每年10.8亿金马克（5 400万英镑黄金），而且它还可以合理地期望得到支付，由于它将获得德国现有资源的优先权，而且总支付额在德国的能力范围内。

我建议对实际损失进行公平估价，全面恢复被摧毁的省份，并且建议放弃妨碍这一最高索赔优先权的其他对立要求。但除此之外（关于这一点意见会有分歧），以及除了该建议提供更多真正得到付款的可能性之外，实际上，与全面遵守现有协议相比，法国将获得更大的金额。

比利时 目前有权获得德国支付额的8%，按照《伦敦协议》，根据假设(a)为每年2.8亿金马克，根据假设(b)为每年3.68亿金马克。根据新的提议，它每年将获得1.8亿金马克，并肯定会从可能的收入中得到所损失的。它对现有优先权的补偿应通过与法国之间的相互协商加以调整。

意大利 将获得巨大的收益。它有权获得《伦敦协议》下德国支付的10%（连同对奥地利和保加利亚的一些问题索赔）。也就是说，根据假设（a）为每年3.26亿金马克，根据假设（b）为每年4.6亿金马克。但是，这些数额远远低于它对英国和美国的年度债务支出，按照与上述法国情况中相同的汇率进行兑换，每年相当于10亿金马克。

三、对新国家的援助

我在前述从英国的索赔中保留了一笔10亿金马克的款项，目的不是让英国自己保留这笔款项，而是让它用这笔钱来缓解其负有一定责任的两个国家（奥地利和波兰）的财政问题。

奥地利 它的问题众所周知，也引起了普遍同情。维也纳人不是为悲剧而生的。全世界都有这种感觉，对莫扎特的城市怀恨在心的人，是世界上最痛苦的人。维也纳已经是伟大衰落的城市，但是，摆脱了帝国的诱惑，它现在可以自由地履行其真正的职责，为欧洲提供1/4的商业和艺术资本。在过去的两年里，它不知怎么了，笑了又哭。现在，我想，虽然表面上它的困境比以前更令人绝望，但只要一点点帮助就足够了。它没有军队，而且因货币贬值而使内债微不足道。太多的帮助也许会使它成为终生的乞丐，但一点点帮助却会使它摆脱沮丧，给它解决财政问题带来希望。

那么，我的建议是，取消它欠外国政府的债务，包括空洞的索赔要求，并从英国向德国的索赔中保留的10亿金马克中拿出一笔相对较小的款项给它。它在柏林拥有价值3亿金马克的信用额度，按要求在5年内使用，可能就足够了。

对其他新国家来说，取消所欠债务，对匈牙利而言是取消赔偿要求，应该足够了，但波兰除外。

波兰 它也必须面临一个可能的问题，但要使得如此不切实际的问题切实可行并非易事。它的主要问题只能靠时间和邻国的恢复来解决。我在这里只谈一个紧迫的问题，使它重组货币，并促进与德国之间的和平交往。为此，我会把保留的10亿金马克中的余额，即7亿金马克，分配给它，其中每年的利息应无条件提供给它，但其中的本金应仅用于货币重组，条件是由美国和英国批准。

从本质上讲，这个方案非常简单。我认为这符合我的标准，即留给欧洲的每位财政部长一个可能解决的问题。剩下的部分必须循序渐进，我不会考虑应该遵循什么思路来寻求详细的解决方案，从而增加本书论据的负担。

谁是输家？即使在纸面上（现实中要多得多），每个大陆国家都获得好处。但从纸面上看，美国和英国是输家，他们各自放弃了什么？

根据《伦敦协议》，英国有权获得德国支付的22%，即根据所采纳的德国出口额的假设，每年为7.8亿至10.1亿金马克（3 900万至5 050万英镑黄金）。欧洲各国政府（包括俄罗斯，见附录九）欠它18亿英镑，按6%的利息和偿债基金来计算，每年为1.08亿英镑。从纸面上看，它会放弃这些钱，比如说每年总共1.5亿英镑。事实上，它渴望获得一小部分的可能性都很渺茫。英国靠商业为生，大多数英国人现在只需要稍稍被说服,即通过运用审慎的慷慨来维护商业平衡和欧洲福祉,而不是试图榨取可恨的和毁灭性的赔偿品,那样它才会获得更多的荣誉、威望和财富——无论是来自它胜利的盟友还是它战败的敌人。

美国将在纸面上放弃约 65 亿美元的资本金,按 6% 计算,相当于每年 3.9 亿美元(7 800 万英镑黄金)的支付。但在我看来,如果它尽力索取这笔钱的话,那么实际上获得这一可观数额的机会绝对是渺茫的。[1]美国是否有可能尽**快**加入这样一个计划(因为我相信它最终会取消这些债务),从而发挥作用呢?

我曾与很多美国人讨论过这个问题,他们表示个人赞成取消欧洲债务。但补充说,他们的大多数同胞都不这么认为,因而这样的建议目前并不符合政治实际。因此,他们认为现在讨论这个问题还为时过早。就目前而言,美国必须假装索要这笔钱,而欧洲必须假装要支付这笔钱。事实上,这一立场与 1921 年中期英国在德国赔偿上的立场大致相同。毫无疑问,我的线人提供的关于这一舆论的情报是正确的,这个神秘的实体也许和卢梭的共同意志是一样的。然而,尽管如此,我并不太重视他们所述。公众舆论认为汉斯·安徒生(Hans Andersen)的皇帝穿着一身漂亮的新装。特别是在美国,舆论有时会发生变化,因为它代表的是一个**整体**。

如果舆论真的是不可改变的事情,那么讨论公共事务就是浪费

---

[1] 这项计划绝不涉及英国对美国的债务,上述数字不包括这笔债务。正确处理这笔债务的问题(这与其他债务不同,主要是因为它的利息能以现金形式实际收取)提出了我在这里不谈的其他问题。上述取消建议仅涉及欧洲大陆政府欠英国及美国政府的债务。

第七章 《和约》的修订与欧洲问题的解决

时间。尽管新闻记者和政客们的主要工作可能是弄清舆论的瞬间特征，但作者应该关心的是，舆论应该是什么样的。我之所以记录这些陈词滥调，是因为许多美国人给出了他们自己的建议，似乎提出一些公众现在不认可的建议实际上是不道德的。我想，在美国，这种行为被认为是非常鲁莽的，使得有人立刻怀疑该行为有某种不正当动机，批评也会采用调查罪犯的个人性格和前科这样的形式。

然而，让我们更深入地调查美国人对欧洲债务的态度背后的情感和情绪。他们想对欧洲慷慨大方，既出于好感，又因为他们中的许多人现在怀疑，任何其他做法都会破坏他们自己的经济平衡。但他们不想"合乎规矩"。他们不想人们再次说欧洲古老的愤世嫉俗者对他们来说已经太多了。时局一直很糟糕，税收也一直很沉重；美国许多地区目前还没有感到足够富裕，从而不愿意轻易放弃一项可能的资产。此外，他们比我们更喜欢将这些相互交战国家之间的协议比作个人之间的普通商业交易。他们说，这就好像一家银行向一位客户提供了一笔无担保预付款，而他们相信，在没有这笔预付款他就会破产的困难时刻，这位客户随后一定会放弃付款。允许客户这样做将损害商业信誉。

我想，普通美国人都希望看到欧洲国家的眼中带着可怜的光芒，手里拿着现金走近他说："美国，我们感谢你给我们自由和生命。我们带来了我们所能表达的感激之情，这些钱不是通过严苛的税收从孤儿寡母身上榨取的，而是因废除了军备、军国主义、帝国主义和内部纷争而省出来的。你慷慨地给予我们帮助，使得这些最好的胜利果实得以摘取。"然后，普通美国人会回答："我为你们的真诚感到骄傲。这正是我所期望的。但我参战不是为了赚钱，也不是为了投资获利。我从你们刚才说的话中得到了回报。你们的贷款被免除了。回到你们的家里,利用我没有索要的钱来帮助穷人和不幸的人。"他的回答让人大吃一惊,这是该场戏的重点。

唉,世界的邪恶!我们不能在国际事务中获得对需要情感的满足。因为只有个人是好的,所有国家都是可耻的、残忍的和蓄意的。例如,在决定意大利是否必须还债时,美国就必须考虑尽力让它还债的后果:一方面就美国自身利益而言,要考虑美国和意大利之间的经济利益;另一方面要考虑意大利农民及其生活方面。尽管各国首相将通过其私人秘书起草合适的内容发送电报,大意是美国的行动正在书写世界历史上最重要的时刻,并证明美国人是最高贵的生物,但美国绝不能指望得到什么感谢。

然而,由于时间紧迫,我们不能依赖美国的援助,如果必要的话,我们必须在没有援助的情况下采取行动。如果美国觉得还没有准备好参加《修订和重建会议》(Conference of Revision and Reconstruction),英国就应该准备好在书面取消索赔方面发挥自己的作用,而不管美国是否采取类似行动。

总结一下,我的计划很简单。(1)英国、美国(如果可能的话)取消欧洲各国政府欠他们的所有债务,并放弃他们向德国的任何索赔;(2)德国在30年内每年支付12.6亿金马克(6 300万英镑黄金),持有10亿金马克这么一大笔钱,以备用于援助波兰和奥地利;(3)本次年度付款将10.8亿金马克分配给法国,将1.8亿金马克分配给比利时。

这将是一个公正、明智和永久的解决办法。如果法国拒绝这样做,它确实会在物质上有所损失。尽管表面上看起来与此相反,但

第七章 《和约》的修订与欧洲问题的解决

这也符合英国的自身利益。尽管现在英国的民意尚未接受，但已发生了巨大变化。在这种情况下，一个明智的国家将通过大规模行动来做到最好。我没有忘记仔细考虑英国可能采取的各种手段，从殖民地那里获得收益。例如，它可能会拿《伦敦协议》中一些 C 债券作为补偿，这些债券在安排了 A 债券和 B 债券之后具有第三优先权，能获得票面价值，但实际上一文不值。它可以规定货物应免税进入德国，而不是从德国海关收入中获得一份。它可能会寻求对德国工业的部分控制权，或获得德国组织提供的服务，以便将来开发俄罗斯市场。这类计划吸引了精明的头脑，不会太仓促被丢弃。然而，我更喜欢简单的计划，我相信所有这些手段都与真正的智慧背道而驰。

有些人倾向于坚持认为，英国和美国对法国做出的任何让步，如果影响到赔偿和协约国内部债务，都应以法国接受对世界其他地区更平和的政策为条件，而不是它自己倾向的政策。我希望法国放弃反对削减军事和海军设施的建议。如果它继续征兵，而邻居们却自愿或非自愿地放弃征兵，法国的年轻人将面临什么样的阻碍啊！它意识到了吗？英国和**任何**从事大型潜艇计划的邻国之间是不可能存在友谊的。我也希望法国会忘记它在中欧的危险野心，并严格限制其在近东的野心。因为这两个野心都是建立在毫无意义的基础上的，不会给它带来任何好处。我们可以预见法国将来对于德国的惧怕都是一种错觉，除非它自己挑衅。当德国恢复了力量和自豪感时它迟早会恢复的，必须要过许多年后，它才能再次把目光投向西方。现在德国的未来在东方，它的希望和雄心壮志在复兴之时，必将转向东方。

法国现在有机会巩固其国家地位，成为世界上最稳定、最安全、最富有的国家之一；自给自足，人口充足但不过度；独特而辉煌文明的继承人。它既不抱怨那些容易修复的被摧毁地区，也不吹嘘其军事霸权（这会很快毁掉它的）。它在爱好和平的实践中昂首挺胸，成为欧洲的领导和女主人。

然而，这些目标不是通过讨价还价获得的，也不能从外部强加。因此，绝不能把这些目标拖进赔偿解决方案。必须仅在一个条件下向法国提供该方案，即法国接受这一方案。但是，如果它像夏洛克（Shylock）一样，声称拥有自己的一磅肉，那就让法律来解决吧。它有它的债务，那么我们也有我们的债务。让法国从德国得到它所能得到的，并支付欠美国和英国的钱。

争议的主要问题或许是，德国每年支付6 300万英镑（黄金）是否足够。我承认支付再多的款项可能是其力所能及的。但我推荐这个数字，因为一方面它足以恢复在法国所造成的破坏，然而另一方面也没那么令人沮丧，从而为了让德国支付，我们需要每年春天和秋天都去入侵它。我们必须确定一个德国认为并非不公正的数额，这个数额在它最大支付能力范围内，以使它有工作和偿还的动力。

假设我们知道德国生产和海外销售过剩商品能力的理论最大值，或者能在一定范围内浮动，每年有多少盈余，就自动支付多少。我们应该明智地提出索赔要求吗？以武力强行索取（因为这就是它的意义所在），永远不会被自愿支付巨额的赔款而继续这样做，直到《凡尔赛和约》的所有制定者都死去并埋葬在当地的山谷，这样的计划既不好，也不明智。

第七章 《和约》的修订与欧洲问题的解决

我自己的提议，虽然与其他提议相比看起来温和，但仍会给德国带来很大的负担，为法国带来巨大的利益。法国人对虚构的数字已经感到厌烦了，我想，他们已经想从真实的数字中找到令人惊讶的味道。让他们想想我的计划会给他们带来多么巨大的经济收益。免除外债后，他们将在30年内每年收到款项的实际黄金价值相当于法国银行目前持有黄金储备的近一半。在设定的期限结束时，德国的还款额将是1870年后它所拿走的10倍。

英国人应该抱怨吗？他们真的是输家吗？人们无法用不能比较的资产来算账。但英国可能会为欧洲赢得和平与友好。而英国只是被要求（我想它现在骨子里已经很清楚了）放弃一些无论如何也得不到的东西。另一种选择是，我们和美国将在国际社会普遍反感的情况下，被迫放弃索赔要求。

文 件 附 录

一、《斯帕协议》摘要（1920年7月）

（A）[①] 由英国、法国、意大利、日本、比利时和葡萄牙签署的协约国之间的赔偿协议摘要

第1条规定，根据《凡尔赛和约》，从德国收到的赔偿款项应按如下比例分配：

法国	52%
英国	22%
意大利	10%
比利时	8%
日本和葡萄牙	0.75（每个国家）%

剩下的6.5%留给塞尔维亚、克罗地亚、斯洛文尼亚以及希腊、罗马尼亚和其他没有签署协议的国家。

第2条规定，从奥地利、匈牙利和保加利亚收到的赔偿总额，

[①] 以下是当时发布的官方摘要。协议的完整文本尚未公布。

连同因为解放属于前奥匈帝国的领土而可能收到的金额,应分为:

(a) 按第 1 条所述比例的一半。

(b) 至于另一半,意大利将获得 40%,而 60% 则留给希腊、罗马尼亚、塞尔维亚、克罗地亚、斯洛文尼亚国家和其他有权获得赔偿但不是协议签署国的任何一个国家。

第 3 条规定,协约国政府必要时应采取措施,协助德国发放用于该国国内需求的贷款,并迅速清偿德国欠协约国的债务。

第 4 条详细规定了赔偿委员会的账目管理。

第 5 条规定比利时优先购买 1 亿英镑黄金,并列举了受该优先权影响的证券。[1]

第 6 条涉及根据各项《和平条约》交出船舶的估价,并规定了租用这些船舶所收到款项的分配。它还处理有关比利时法院(Belgian Prize Courts)所作裁而未决的问题。比利时从其他协约国的份额中获得补偿。

第 7 条提到协约国的巡洋舰、浮船坞和根据 1920 年 1 月 10 日《议定书》(the Protocol)移交的物资,作为对德国军舰沉没的赔偿。

第 8 条宣布,同一议定书应适用于出售根据《和约》海军条款交还的船舶和战争物资的收益,实际上包括赔偿委员会出售的海军战争物资的收益。

第 9 条规定,意大利对某些特定金额享有绝对优先的索赔权,以抵消奥地利、匈牙利和保加利亚应付给它的款项。

---

[1] 其中最有形的是石勒苏益格的 4 亿丹麦克朗,某些金额来自卢森堡的煤炭,在巴西港口作为奖品扣押的德国船舶的任何余额,以及德国在美国的资产用于赔偿的任何余额。

第10条保留波兰的权利,并声明本协议不适用于波兰。

第11条维护1918年11月11日之前借钱给比利时的国家的权利,并规定在比利时对1亿英镑的优先权要求得到满足后立即偿还。

第12条,协约国因为救济目的而给予前敌国的信贷,维护协约国被偿还的权利。

第13条保留在统一基础上确定占领军在德国的费用问题,供与美利坚合众国讨论。

(B)协约国就煤炭运输问题向德国发出的照会

1. 德国政府承诺,从2020年8月1日起,在接下来的6个月中,每月向协约国提供200万吨煤炭,这一数字已经得到赔偿委员会的批准。

2. 协约国政府将把这些煤炭的价值记入赔偿账户,只要这些煤炭是通过铁路或内河运输交付的,并将根据《凡尔赛和约》第八部分附件五第6(A)款,按德国国内价格进行估价。此外,考虑到承认协约国有权拥有向其交付特定种类和质量的煤炭,提货方应支付5个金马克的溢价,以现金支付,用于购买德国矿工的食品。

3. 在上述煤炭交付期间,1920年7月11日《控制议定书》(Control Protocol)草案第2、3和4款的规定应以本议定书附件的修改形式立即生效。(见下文)

4. 协约国之间应立即达成协议,由德国派代表参加的委员会分配上西里西亚煤炭。本协议应提交赔偿委员会批准。

5. 由德国人代表参加的委员会应立即在埃森(Essen)开会。其目的是寻求改善矿工温饱生活条件的途径,以期让矿工更好地工作。

6. 协约国政府宣布准备向德国预付款项,相当于上文第 2 款所支付价格与德国煤炭出口价格(德国港口的离岸价格)或英国出口价格(英国港口的离岸价格)之间(以《凡尔赛和约》第八部分附件五第六(B)款所规定的最低价格为准)的差额。这些预付款应按照《凡尔赛和约》第 235 条和第 251 条的规定进行支付。相对于所有其他协约国,它们应享有对德国索赔的绝对优先权。预付款应在每月月底根据交付的煤炭吨数和该期间煤炭的平均离岸价格支付。协约国应在第一个月底预付账款,不必等待确切数字。

7. 如果到 1920 年 11 月 15 日,确定 1920 年 8 月、9 月和 10 月的煤炭交货总量还没有达到 600 万吨,协约国将继续再占领一部分德国领土,要么是鲁尔地区,要么是其他地区。

附 件

1. 赔偿委员会将在柏林设立一个常设代表团,其任务是根据 1920 年 7 月 15 日的协议,通过以下方式保证执行向协约国交付煤炭而使自己满意:一方面,产出的总分配方案,包括产地和种类的细节,另一方面,为确保向协约国交付煤炭而发出的命令,都应由负责的德国当局起草,并在向负责执行这些命令的执行机构发出命令之前的合理时间内,提交上述代表团批准。

2. 未经柏林赔偿委员会代表团事先批准,不得对上述计划进行任何可能涉及减少向协约国交货量的修改。

3. 德国政府必须定期向赔偿委员会报告主管机构执行向协约国交货命令的情况,赔偿委员会将向有关协约国通报任何违反本决议所通过原则的行为。

二、《巴黎决定》① (1921 年 1 月 29 日)

1. 德国为履行《凡尔赛和约》第 231 条和第 232 条对其规定的义务，除了应按照第 238 条的规定进行赔偿和履行《和约》规定的所有义务外，还应支付：

（1）固定年金，每 6 个月月底等额分期支付，如下：

		10 亿金马克	
(a) 2 年	年金	2	1921 年 5 月 1 日至 1923 年 5 月 1 日
(b) 3 年	年金	3	1923 年 5 月 1 日至 1926 年 5 月 1 日
(c) 3 年	年金	4	1926 年 5 月 1 日至 1929 年 5 月 1 日
(d) 3 年	年金	5	1929 年 5 月 1 日至 1932 年 5 月 1 日
(e) 31 年	年金	6	1929 年 5 月 1 日至 1963 年 5 月 1 日

（2）42 年的年金，从 1921 年 5 月 1 日开始计算，相当于德国出口额的 12%，从他们的收入中征收，每六个月结束后两个月内以黄金支付。

为确保上述（2）得到全面执行，德国将向赔偿委员会提供一切便利，以核实出口额，建立必要的监督机制。

2. 德国政府应在本计划第 1(1) 条规定的到期日，立即向赔偿委员会交付不记名债券，其金额等于根据本计划应支付的每 6 个月

---

① 据我所知，这些决定没有完整的英文正式文本。以上是从法语文本翻译过来的。

分期付款。发出指示的目的是,在某些协约国可能需要的情况下,促进他们根据彼此之间订立的协议调动应得部分。

3. 德国有权随时预估其义务的固定部分。

她预先支付的款项,适用于减少第1(1)条规定的固定年金,在1923年5月1日前按8%的利率贴现,1923年5月1日至1925年5月1日按6%的利率贴现,1925年5月1日后按5%的利率贴现。

4. 未经赔偿委员会批准,德国不得直接或间接在国外开展任何信贷业务。这一限制适用于德意志帝国政府、德意志联邦政府、德国省和市政当局,以及由这些政府和当局控制的公司和企业。

5. 根据《凡尔赛和约》第248条,德意志帝国及其各联邦成员的所有资产和收入均由德国持有,以保证德国完全执行本计划的规定。

德国海关的陆路和海运收入,特别是所有进出口关税和所有附加税的收入,构成执行本协议的特别保证。

未经赔偿委员会批准,德国海关立法和条例,不得进行任何可能降低海关收入的修改。

德国海关的全部收入应由德国海关总署署长记入德国政府账户,该署长是经赔偿委员会同意,由德国政府提名的。

如果德国未能支付本计划规定的其中一笔款项:

(1)德国海关的全部或部分收入应由赔偿委员会从德国海关总署署长那里接管,并由赔偿委员会将这些收入用于履行德国的违约义务。在这种情况下,赔偿委员会如认为必要,应自行负责海关收入的管理和收取。

(2)此外,赔偿委员会有权要求德国政府征收更高的关税或采取其认为必要的其他措施增加其资源。

(3) 如果本禁令无效,委员会有权宣布德国政府违约,并将此情况通知协约国和相关国家政府,他们应采取其认为合理的措施。

(签名)亨利·贾斯帕(HENRI JASPAR)

劳合·乔治(D. LLOYD GEORGE)

阿里斯蒂德·白里安(ARISTIDE BRIAND)

斯福尔扎(C. SFORZA)

石井(K. ISHII)

巴黎,1921年1月29日

三、各协约国向赔偿委员会提出的索赔,委员会出版[①](1921年2月23日)

法国

1. 财产损失(重建价值)

单位:纸法郎

工业损失	38 882 521 479
建筑物损坏(财产损失)	36 892 500 000
家具及配件损坏(摩托车损坏)	25 119 500 000
土地损害(财产损失)	21 671 546 225
国家财产损害	1 958 217 193
其他损害	2 359 865 000
海运损失	5 009 618 722

---

① 委员会同时发布警告称,它尚未采纳这些索赔,但即将对其进行审查。

阿尔及利亚和殖民地遭受的损失	10 710 000
国外损害	2 094 825 000
比如，1918年11月11日至1921年5月1日，或30个月期间，本金按整数计算为330亿法郎，按5%计算利息，按整数计算。	4 125 000 000

2. 人身损害

单位：纸法郎

军人养恤金	60 045 696 000
动员人员家属津贴	12 936 956 824
给予战争平民受害者及其家属的养恤金	514 465 000
虐待平民和战俘	1 869 230 000
给战俘的援助	976 906 000
薪金和工资不足	223 123 313
德国对平民损害的赔偿	1 267 615 939
法国索赔总计	218 541 596 120

英国

	英镑	法郎
财产损失	7 936 456	
海运损失	763 000 000	
国外损害	24 940 559	
河流和运河运输损失	4 000 000	
军人养恤金	1 706 800 000	
动员人员家属津贴		7 597 832 086
平民受害者养恤金	35 915 579	
对平民和囚犯的虐待	95 746	
对战俘的援助	12 663	
薪金和工资不足	6 372	
总计	2 542 070 375	7 597 832 086

意大利

财产损失	20 933 547 500 里拉
海运损失	128 000 000 英镑
军人养恤金	31 041 000 000 法郎
动员人员家属津贴	6 885 130 395 法郎
战争的平民受害者和战俘	12 153 289 000 里拉
总计	33 086 836 000 里拉
	33 086 836 000 法郎
	128 000 000 英镑

比利时

财产损失（现值）	29 773 939 099 比利时法郎
海运损失（现值）	180 708 250 比利时法郎
军人养恤金	1 637 285 512 法国法郎
动员人员家属津贴	737 930 484 法国法郎
战争的平民受害者和战俘	4 295 998 454 比利时法郎
总计	34 254 645 893 比利时法郎
总计	2 375 215 996 法国法郎

其他索赔

日本	297 593 000 日元（海运损失）
	454 063 000 日元（动员人员家属津贴）
	832 774 000 日元（合计）
南斯拉夫	8 496 091 000 第纳尔（财产损失）
	19 219 700 112 法郎（人身损害）
罗马尼亚	9 734 015 287 金法郎（财产损失）
	9 296 663 076 金法郎（军人抚恤金）
	11 652 009 978 金法郎（战争中的平民和战俘）
	31 099 400 188 金法郎（合计）

葡萄牙	1 944 261 康托斯(财产损失 1 574 907 康托斯)
希腊	4 992 788 739 金法郎(财产损失 1 883 181 542 法郎)
巴西	1 216 714 英镑(运费 1 189 144 英镑),加上 598 405 法郎
捷克—斯洛伐克	6 944 228 296 法郎和 5 614 947 990 克朗(战争损失)
	618 204 00 法郎 1 448 169 845 克朗(布尔什维克入侵)
总计	7 612 432 103 法郎和 7 063 117 135 克朗
暹罗	9 179 298 金马克,加上 1 169 821 法郎
玻利维亚	16 000 英镑
秘鲁	英镑 56 236,加 107 389 法郎
海地	80 000 美元,加 532 593 法郎
古巴	801 135 美元
利比里亚	3 977 135 美元
波兰	21 913 269 740 金法郎,加上 500 000 000 金马克
欧洲多瑙河委员会	1 834 800 金法郎,15 048 法国法郎和 488 051 列伊

四、伦敦第一次最后通牒(1921 年 3 月 3 日)

劳合·乔治先生代表英国和协约国政府口头向西蒙斯博士发表了以下声明:

协约国一直在讨论整个立场,我现在被授权代表他们发表声明:

《凡尔赛和约》签署不到两年,德国政府已经违反了其中一些最重要的规定:将触犯战争法的罪犯交付审判、解除军备、以现金或实物支付 200 亿金马克(10 亿英镑)。这些是一些规定。协约国对他们的债券条款没有表现出严格的坚持。他们延长了时间,甚至修改了要求的性质,但每次德国政府都没有满足他们。

尽管有《和约》以及在斯帕所作的体面承诺,犯罪分子还没有受到审判,更不用说受到惩罚,尽管证据已经在德国政府手中好几个月了。军事组织,有些是公开的,有些是秘密的,已经被允许在全国各地涌现,装备着本应交出的武器。如果德国政府在赔偿方面表现出真诚的愿望,帮助协约国弥补德国帝国主义政府所犯下的侵略行为给协约国造成的可怕损失,那么我们仍然应该像以前一样,对德国的合法困难给予一切照顾。但是,提出的建议勉强使协约国相信,要么德国政府不打算履行《和约》义务,要么面对自私和短视的反对,它没有力量坚持做出必要的牺牲。

如果这是因为德国舆论不允许这样做的话,那么形势就更加严峻,协约国就更加有必要让公众舆论的领导者再次面对事实。他们首先要认识到的一个基本事实是,协约国虽然准备好倾听德国困难所引起的每一个合理请求,但不能允许进一步玩弄《和约》。

最后通牒

考虑到已经犯下的违法行为,考虑到这些提案中表明的德国决心进一步藐视《和约》并对其中条款进行辩驳,考虑到不仅在这些提案中,而且在德国政府的正式声明中提出的质疑,我们因此决定,必须在德国政府不仅违约,而且故意违约的假设下采取行动。除非我们在星期一之前听说德国准备接受《巴黎决定》,或提出以其他方式同样令人满意地履行《凡尔赛和约》义务的建议(以巴黎建议中所作的让步为准),否则我们将自该日起遵照《凡尔赛和约》采取以下行动：

协约国同意：

(1) 占领位于莱茵河右岸的杜伊斯堡（Duisburg）、鲁尔波特（Ruhrort）和杜塞尔多夫（Düsseldorf）。

(2) 从各自的议会获得权力，要求本国国民向本国政府支付一定比例的德国货物应付款项，该比例应保留在赔偿金中（这是关于在该国或任何其他协约国从德国购买的货物）。

(3)(a) 德国海关所在被占领地区外部边界征收的税款，应支付给赔偿委员会。

(b) 这些税款将继续根据德国关税来征收。

(c) 将在莱茵河和协约国占领的桥头堡（têtes des ponts）边界上临时建立一条海关线。在这条线上征收的关税，无论是货物的进出口，均由莱茵河地区协约国高级委员会按照协约国政府的指示确定。

五、德国转交给美国政府的反提案（1921年4月24日）

值得庆幸的是，美国政府在其4月22日的照会中，开启了通过谈判再次解决赔偿问题的可能性，而不是通过强制措施来解决。德国政府非常赞赏这一步骤的重要性。他们在以下提案中努力提出这样的建议：根据他们的理念，这一建议代表了德国经济资源所能承受的最大限度，甚至也最有利于德国发展：

1. 德国表示愿意承认赔偿责任总额为500亿金马克（现值）。

德国还准备支付相当于这一数额的年金,以适应其经济能力,总额高达2 000亿金马克。德国提议通过以下方式调动其责任:

2. 德国将立即筹集一笔国际贷款,其中的金额、利率和抵押额度有待商定。德国将参与这项贷款,为了确保最大可能的成功,其条款将包含特别优惠和总体尽可能优惠措施。这笔贷款的收益将交由协约国支配。

3. 德国准备根据其经济能力来支付国际贷款未涵盖债务金额的利息和摊销配额。在目前情况下,她认为4%的利率是最高的。

4. 德国准备让相关协约国受益于德国经济和金融状况的改善。为此,摊销配额应该可变。如果情况有所改善,配额将上升;如果发展方向相反,配额将相应下降。为了规范这种变化,必须准备一个指数计划。

5. 为了加速恢复平衡,德国准备用一切资源协助重建被摧毁的领土。她认为重建是赔偿中最紧迫的部分,因为重建是消除战争所造成的仇恨和苦难最有效的途径。她准备亲自进行乡镇、村庄和小村庄的重建,或以协约国可能希望的任何方式,用劳动力、物资和其他资源协助重建。这些劳动力和物资的成本由自己来付(有关此事的详细情况已跟赔偿委员会沟通过)。

6. 除任何重建工作外,德国准备为同一目的向有关国家提供其他材料,并尽可能在纯商业的基础上向它们提供其他服务。

7. 为了证明它打算立即做出赔偿的诚意,德国准备以明确无误的方式,立即向赔偿委员会提供10亿金马克的数额。其方式如下:第一,以金、银和外国汇票形式支付1.5亿金马克;第二,以国库券形式支付8.5亿金马克,在不超过3个月的期限内用外国汇票和其他外国价值工具赎回。

8. 如果美国和协约国愿意，德国还准备在其经济能力允许的范围内，承担协约国对美国的部分债务。

9. 关于德国用于赔偿目的的支出应记入其总负债的方法，德国建议由一个专家委员会来确定价格和价值。

10. 德国准备以一切可能的方式为贷款认购者提供担保，将公共财产或公共收入按预定的方式分配给他们。

11. 接受这些建议后，德国在赔偿账户上的所有其他债务都被取消，德国在国外的私人财产也被释放。

12. 德国认为，只有立即废除制裁制度，只不进一步削弱德国目前的生产基础，只有德国重新加入世界贸易，并摆脱一切非生产性开支，它的提案才能实现。

这些建议证明了德国公司愿意在其经济能力的限度内弥补战争造成的损失。其提供的金额以及支付方式取决于这种能力。如果对这一能力存在意见分歧，德国政府建议由所有相关政府都能接受的公认专家委员会进行审查。它事先声明自己准备好接受专家委员会的任何决定。如果美国政府认为可以通过给予另一种形式的建议来促进谈判，如果提请德国政府注意美国政府认为可取的改变，德国政府将不胜感激。德国政府也会欣然接受美国政府可能倾向于提出的任何其他建议。

德国政府过于坚定地认为，世界的和平与福祉取决于赔偿问题的迅速、公正和公平的解决，所以不会尽其所能让美国帮助他们提请协约国政府注意此事。

1921年4月24日，柏林

六、赔偿委员会宣布的评估
（1921 年 4 月 30 日）

根据《凡尔赛和约》第 233 条的规定，赔偿委员会一致决定将总损失确定为 1 320 亿金马克，这也是德国根据和约第 232（2）条和附录 I 第 VIII 部分所应承担的赔偿额。

在确定这一数字时，赔偿委员会已经从总损失中扣减了第 238 条已经生效或即将生效的赔偿，以保证德国在赔偿中不再有即将到期的债务。

上述数字没有包括根据第 232（3）条规定落到德国头上的额外债务，即"比利时在 1918 年 11 月 11 日以前从协约国和其他政府借的款项及每年 5% 的利息总和"。

赔偿委员会根据《凡尔赛和约》第 233 条的规定，一致决定根据该《和约》第八部分附件一第 232（2）条，将德国应赔偿的损失总额定为 1 320 亿金马克。

在确定这一数字时，委员会从损害赔偿总额中作了必要的扣减，以涵盖在履行第 238 条时已经或将要进行的归还，这样就不会因这些归还的事实而欠德国任何信贷。

委员会没有在上述数字中列入与义务相对应的款项，德国根据第 232（3）条应该承担的义务，即"偿还比利时截至 1918 年 11 月 11 日从协约国和相关政府那里借来的所有款项，连同该款项年利率 5% 的利息"。

七、伦敦第二次最后通牒(1921年5月5日)

尽管自《凡尔赛和约》签署以来协约国不断做出让步,尽管在斯帕会议和巴黎商定了警告和制裁措施,以及在伦敦宣布和已经实施的制裁,德国政府仍未履行《凡尔赛和约》规定的义务:(1)解除军备;(2)根据《和约》第235条于1921年5月1日到期的赔付,赔偿委员会已经要求德国在此日期支付;(3)1920年2月13日和5月7日协约国照会进一步规定的对战犯的审判;以及(4)某些其他重要方面,特别是《和约》第264、267、269、273、321、322和327条规定的方面,协约国注意到以上事实,从而决定:

(a)立即采取协约国在本说明(d)段规定的紧急情况下占领莱茵河鲁尔河谷所需的初步措施。

(b)根据条约第233条,请赔偿委员会毫不拖延地向德国政府说明,使其确保和履行全部义务的时间和方式,并最迟于5月6日向德国政府宣布赔偿委员会关于这一点的决定。

(c)要求德国政府在收到上述决定后的6天内明确宣布其决定:(1)无保留、无条件地履行赔偿委员会规定的义务;(2)就赔偿委员会规定的义务,无保留、无条件地接受担保;(3)毫无保留或无延误地执行协约国在1921年1月29日的照会中通知德国政府的军事,海军和空中解除军备措施,逾期未完成的应立即完成,其余的应在规定日期前完成;(4)无保留地或无延误地审判战犯以及执行本说明第(1)款提到的《和约》未履行的其他部分。

(d)如果德国政府未能在 5 月 12 日前满足上述条件，协约国将继续占领鲁尔河谷，并采取可能需要的所有其他军事和海军措施。只要德国不遵守(c)款概述的条件，这种占领就将继续下去。

（签名）亨利·贾斯帕（HENRI JASPAR）

劳合·乔治（D. LLOYD GEORGE）

白里安（A. BRIAND）

斯福尔扎（C. SFORZA）

小林（HAYASHI）

根据《凡尔赛和约》第 231、232 和 233 条，德国确保和履行全部赔偿义务的"付款日程表"，包括付款时间和方式

根据《凡尔赛和约》第 233 条，赔偿委员会规定了德国确保和履行其全部赔偿义务的时间和方式，这些赔偿义务是《和约》第 231、232 和 233 条所规定的，具体内容如下：

这项决定不妨碍德国根据第 238 条所承担的归还义务，也不影响《和约》规定的其他义务。

1.德国将按照该日程表规定的方式履行其支付，赔偿委员会根据《凡尔赛和约》第 231、232 和 233 条确定的赔偿总额，即 1 320 亿金马克（66 亿英镑）减去（a）已经支付的赔偿金额；(b)就割让领土上的国家财产偶尔德国账户的金额；和（c）从其他敌国或前敌国收到的任何款项，委员会可能决定给予德国信贷，加上比利时欠协约国的债务，这些扣除额和增加额将由委员会稍后决定。

2. 德国应创建并向委员会交付下文所述债券,以取代根据《凡尔赛和约》第八部分(赔偿)附件二的第 12(c)款已交付或可交付的债券。

(A)价值 120 亿金马克(6 亿英镑)的债券。这些债券最迟应于 1921 年 7 月 1 日创设并交付。根据本协议规定,从 1921 年 5 月 1 日起,每年从德国提供的资金中支付相当于已发行债券票面价值 6% 的款项,其中,对任何时候的未偿付债券按年率 5% 每半年支付一次利息,余额为偿债基金,用于以票面金额每年支取的方式赎回债券。这些债券在下文中被称为(A)系列债券。

(B)再发行 380 亿金马克(19 亿英镑)的债券。这些债券最迟应于 1921 年 11 月 1 日创设和交付。根据本协议规定,从 1921 年 11 月 1 日起,每年从德国提供的资金中支付相当于已发行债券票面价值 6% 的款项。其中,对任何时候的未偿付债券按年率 5% 每半年支付一次利息,余额为偿债基金,用于以票面金额每年支取的方式赎回债券。这些债券在下文中被称为(B)系列债券。

(C)820 亿金马克(41 亿英镑)债券,随后可能根据第(1)段的要求发行或取消债券而进行调整。这些无息债券最迟应于 1921 年 11 月 1 日发行并交付给赔偿委员会。这些债券应该由委员会发行,并且只有在确信德国根据本协议承诺支付的款项足以支付此类债券的利息和偿债基金时才能发行。根据本协议规定,从赔偿委员会发行之日起,德国每年用其偿债基金进行支付,数额相当于所发行债券面值的 6%。其中,对任何时候的未清偿债券按年率 5% 每半年支付一次利息,余额部分以面值赎回债券的方式每年拨入偿债基金。德国政府应在委员会发行债券时向委员会提供此类债券的利息。这些债券以下称为（C）系列债券。

3. 第2条规定的债券应为德国政府签署的无记名债券，其形式和面额由赔偿委员会为使其可销售而规定，并应免除德国目前或将来的各种税费。

根据《凡尔赛和约》第248和251条的规定，这些债券应以德意志帝国和德国各政府的全部资产和收入为担保，特别是以该协议第7条指定的特定资产和收入为担保。（A）、（B）及（C）系列债券的服务应分别作为上述资产及收入的第一、第二及第三笔费用，并应由德国根据该日程表支付的款项来满足。

4. 德国应每年支付以下几项，直至通过其所附属的偿债基金赎回第2条所规定的债券为止：

（1）一笔20亿金马克（1亿英镑）的金额。

（2）（a）一笔款项相当于委员会决定的从1921年5月1日开始的每12个月内德国出口价值的25%；或（b）另一种选择是根据德国提出并经委员会接受的其他指数确定的同等金额。

（3）另一笔相当于上述出口价值的1%，或按上文（b）项规定的相等数额。

前提总是当德国已履行其在本日程表下的所有义务时，除了它对未偿付债券的责任之外，本款规定的德国每年应支付的金额，应减至该年度所需的金额，以支付当时未偿付债券的利息和偿债基金。

在符合第5条规定的前提下，上文第（1）款的付款应在每个季度结束前按季度支付，即每年1月15日、4月15日、7月15日和10月15日之前。上文第（2）和（3）款的付款应在11月15日、2月

15日、5月15日和8月15日按季度支付，以上一季度的出口额为计算基础，第一笔付款应该在1921年11月15日支付。

5. 德国将在收到通知后的25天内支付10亿金马克（5 000万英镑），可以用黄金或经批准的外国汇票来支付，也可以用三个月的德国国库券来支付，德国国库券必须由经批准的德国银行背书，能在伦敦、巴黎、纽约或赔偿委员会指定的任何其他地方进行支付。这些付款将被视为第4条第(1)款所规定付款的前两个季度分期付款。

6. 根据修订后的《和约》附件二第12（d）段的规定，委员会将在收到通知后25天内，设立特别小组委员会，称为担保委员会。担保委员会将由现在参加赔偿委员会的协约国代表组成，包括美利坚合众国的一名代表，如果美国政府想派出的话。

每当委员会认为根据本协议发行的债券中有足够的份额被其他协约国的国民持有，以证明其有理由在担保委员会任职时，担保委员会就应增选不超过三名这些国家的国民代表。

7. 担保委员会负责确保《凡尔赛和约》第241条和第248条的实施。

它应监督用于第2条所规定债券服务的资金使用情况，该资金被指定作为德国根据第4款进行支付的担保，如此指定用途的资金应包括：

（a）德国所有海上和陆地关税收入，特别是所有进出口关税的收入。

（b）对德国所有出口品价值征收25%的所得税，但根据第9条所述立法征税不低于25%的出口品除外。

（c）除上述（a）或（b）款规定的资金外，德国政府可能提议并经担保委员会接受的直接或间接税或任何其他资金的收益。

指定的资金应以委员会批准的黄金或外币支付到以委员会名义开立并由其监督的账户中。（b）段中所述25%的税款应由德国政府以德国货币支付给出口商。

德国政府应向担保委员会通报任何可能会减少指定资金收益的拟议行动，并且如果委员会有要求，应该用其他经核准的资金来替代。

担保委员会应进一步履行以下职责，代表委员会的利益对《凡尔赛和约》第八部分附件二第12（b）款的规定进行审查。如有必要进行纠正，为了计算第4条第（2）款规定的每年应付金额，代表委员会的利益应该核实德国政府申报的出口价值以及根据本条指定用于债券服务的资金数额。担保委员会有权采取其认为适当履行职责所必需的措施。

担保委员会无权干涉德国的行政管理。

8. 在委员会事先批准的情况下，德国应按照要求提供协约国可能需要的物资和劳动力，以恢复该国的被毁坏地区，或使协约国能够恢复或发展其工业生产或经济生活。此类物资和劳动力的价值应由德国指定的估价师和相关协约国指定的估价师来确定，如未达成协议，则由委员会指定的仲裁员来确定。关于估价的这一规定不适用于《凡尔赛和约》第八部分附件三、附件四、附件五和附件六下的交货。

9. 德国应采取一切必要的立法和行政措施，以促进1921年在英国生效的《德国赔偿（恢复）法案》的实施，以及协约国颁布的任何类似立法措施的实施，只要这些立法措施仍然有效。因为实施此种立法措施而支付的款项应该存入在德国根据第 4（2）条进行支付的账户中。德国政府应向出口商支付等值的德国货币。

10. 根据第 9 条提供的一切服务、所有实物交付和所有收据的付款，都应该由协约国在收到现金或当期息票后的一个月内向赔偿委员会支付，并存入德国根据第 4 条进行支付的账户中。

11. 根据第 4（3）条应支付的款项以及委员会根据第 4（1）和（2）条每年收取的盈余款项，在没有要求用于支付当年未偿付债券的利息和偿债基金的情况下，应该进行累积并尽其所用。并且由委员会在其认为适当的时候，从 1921 年 5 月 1 日至 1926 年 5 月 1 日每年支付不超过 2.5% 的单利。此后，对当时所发行债券未包含的债务余额支付不超过 5% 的利息。否则与此相关的利息无需支付。

12. 本日程表不修改那些为了确保《凡尔赛和约》执行的条款，而这些条款适用于本日程表的规定。

八、《威斯巴登协议》（the Wiesbaden Agreement）（1921 年 10 月 6 日）

本协议于 1921 年 10 月 6 日由卢切尔先生和拉特瑙先生在威斯巴登签署，是一份冗长的文件，包括议定书、备忘录和附件。该协议的有效条款主要见附件。该协议全文已发表在英国白皮书中，这份白皮书还载有（1）一份解释性备忘录，（2）赔偿委员会的决定，以及（3）约翰·布拉德伯里爵士（Sir John Bradbury）向英国财政部提交的报告。这三份文件的摘录如下。

1. 解释性备忘录

为了理解《威斯巴登协议》提出的安排，我们有必要铭记《凡尔赛和约》的某些条款，这些条款的实施受到该协议的影响。

《和约》本身在赔偿一章第八部分及其附件中规定了通过实物交付部分清偿德国的赔偿债务。关于这方面的重要段落在附件二的第19款和附件四中，这两个附件共同规定：德国通过赔偿委员会向协约国及其有关国家交付机械、设备、工具和重建材料，并且总体来说，使任何协约国恢复或发展其工业产业或经济生活所必需的一切物资和劳动力。

德国的义务是用黄金而不是商品来阐述的，因此，在任何情况下都必须不时规定以赔偿委员会评估的交付物的公允价值存入德国账户。此外，由于各协约国收到的实物比例未必与协约国间协议确定的各自在德国赔款中所占份额完全一致，《和约》还进一步规定，就这些货物的价值而言，每个协约国不仅要对德国负责，还要对赔偿委员会负责。因此，一方面，《和约》规定，根据附件协约国和德国之间提供服务的价值应存入德国账户，并用于一般债务的清偿。《付款日程表》将附件中交付物的价值作为德国所交付债券的收益，债券是德国的债务担保。另一方面，《和约》规定，为了协约国之间的公平分配，附件中交付物的价值应按当年支付现金效果相同的方式来计算。《付款日程表》规定，每个协约国所收到交付物的价值，应在交付之日起一个月内以现金或当前息票形式支付给赔偿委员会。

此外,《和约》还规定赔偿委员会不仅有责任确定价格,而且有责任确定德国是否有能力交付任何协约国所需的货物,并默认为赔偿委员会有义务在协约国对这种能力提出冲突的要求时做出决定。

《威斯巴登协议》规定,一家德国公司①向法国的"受害者(sinistrés)"交付"与德国生产能力、原材料供应和国内需求相适应的所有设备和材料",也就是说,交付附件四和附件二第19款所要求的物品和材料,就法国而言,这是根据协议条款,实际上已经中止的义务,而德国在其他附件下向法国交付的义务不受影响。

任何关于德国是否有能力满足法国要求的问题和所有价格问题,都应由一个由三人组成的委员会来解决,即一名法国人,一名德国人,第三名成员由共同协商选出或由瑞士总统提名。

根据本协议交付的货物价值以及根据附件三、五和六(此后,为简洁起见,下文称"附件交付物")交付的货物价值总和,在1926年5月1日到期前的时间内,确定为最高70亿金马克。

关于附件交付物,该协议绝不修改《和约》条款。根据《和约》条款,交付物的价值应立即存入德国账户,并借记法国账户。但是作为该协议财政上的重要部分,规定了特别条款,以便将协议交付物的价值记入赔偿账户。设计这些特别规定的目的是确保德国在交付时只应按一定比例存入赔偿账户,而未按此计算的交付(可称为"超额交付"),应最早于1926年5月1日开始的数年内进行清

---

① 在没有法国和德国政府干预的情况下,设立一家德国私营公司直接处理订单,这样的安排是为了避免延误,经验表明,延误与现有机器的使用密不可分。这似乎对总体财务状况没有任何重要影响,因为这些交付显然必须由德国政府提供资金,并最终通过德国政府账户上的赔偿信贷支付。

偿。这些规定本身有些复杂,包括一系列相互作用的限制,需要加以说明。

(1) 在任何情况下,在任何一年内,因为附件和协议的交付而存入德国账户的总额,不得超过 10 亿金马克。

(2) 在任何情况下,在任何一年内,存入德国账户的数额不得超过协议交付价值的 45%,如果协议交付价值超过 10 亿金马克,则不得超过协议交付价值的 35%。

上述限制的结果是规定将协议交付价值的 55%(或如果协议被成功实施,则为 65%)作为延期分期支付的**最低限度**。如果协议交付额真的很高,那么实施 10 亿金马克的限额将使结转率远远超过 65%。

超额交付将从 1926 年 5 月 1 日起按每年 5% 的利率,分 10 次等额分期偿还,但须符合以下条件:

(1) 如果协议交付价值加上该年附件交付的价值,将使法国获得超过它在该年德国所支付赔偿总额中所占的份额(52%),那么在任何情况下,法国都不得在一年内借记其协议交付的价值。

(2) 1926 年 5 月 1 日以后继续按协议交付,对延期付款也有同样的规定。如果在 1926 年 5 月至 1936 年 5 月期间的任何一年,该年存入德国账户的协议交付额(不超过 35% 或 45%),加上偿还截至 1926 年 5 月 1 日所欠债务的年度分期付款,超过了 10 亿金马克,超出部分将逐年结转,直至不再出现此类超出。但是在任何情况下,存入的数额即使少于 10 亿金马克,也不能超过前一条件所规定的限额。

(3) 德国在 1936 年 5 月 1 日尚未存入账户的任何余额,应按

5%的复利存入,在1936年6月30日和12月31日,以及1937年6月30日和12月31日每半年支付一次共四次。但是,同样,如果这些半年度付款的结果使得存入金额超过上述条件(1)所规定的限额,则不应支付这些款项。

(4)协议交付在1936年5月1日以后无限期地继续下去,但是只要执行协议交付会导致法国获得德国每年赔偿额的52%以上,德国就有权停止交付。德国每年赔偿额包括了附件交付、已经到期的延期付款和当期协议交付的35%或45%。

综上所述,需要注意的是,虽然可以索赔的协议交付额在头五年内有限制,但有以下情况

(1)法国要求这些特别交付的权利在任何时候都不会自动终止。

(2)在协议有效期内,法国能索取的交付物价值没有最终限制。

(3)法国对德国和其他合作伙伴的债务不得在明确规定的期限内清偿。

········

仍有必要提请注意《付款日程表》中财务性质的一个附属问题。德国年度赔偿责任的一部分包括每12个月支付德国出口价值的26%,支付担保的一部分包括对德国所有出口价值征收25%的税收。法国政府已承诺支持德国政府向赔偿委员会提出的请求,即在构成计算基础的出口价值中,只包括根据该协议交付的价值,而该交付价值在任何一年都存入德国账户,借记法国账户。

如果可以假定,在没有协议的情况下,根据该协议进行的任何特别交付都会转为德国的正常对外贸易,那么所需要的让步将会产

生如下效果，即为了协约国的整体利益而减少德国的年度支付。

2. 赔偿委员会在审议了1921年10月6日的《法德协议》后，于1921年10月20日做出的决定

根据协议所附备忘录第3款，法国政府向赔偿委员会提交了法国代表和德国政府6号在威斯巴登签署的协议，委员会决定如下：

(1) 它完全赞同该协议的一般原则，并提议做出特殊安排，使德国能够以货物和服务的形式清偿尽可能多的赔偿义务，特别是为了更快地恢复被破坏的地区。

(2) 同时，委员会认为该协议涉及对《凡尔赛和约》第八部分规定的某些偏离，特别是附件二第237条第12款和第19款以及附录四第5款。

(3) 因为委员会无权批准这样的偏离，它决定把这个问题连同一份备忘录及其附件提交给在委员会有代表的各国政府，建议对其进行适宜的审查。

(4) 如果协议成功，在今后几年内向法国交付的实物量可能会非常大，关于这部分的延期支付，委员会建议应给予法国合理的便利。因为协约国政府为保护其各自利益会采取任何必要的保障措施。

3. 约翰·布拉德伯里爵士向英国政府所提交报告的结论性建议（1921年10月26日）

我在赔偿委员会的意大利和比利时同事以及我本人所设想的必要保障措施，也是我们假定各国政府将希望规定的保障措施是：

(1)应规定一个期限,在期限届满后,不允许再延期付款,现有延期付款应开始以定期的年度分期付款方式进行清算。

这一时期的确切长度应根据主要重建工作估计所需时间来确定,同时考虑到德国提供必要物资所需要的时间。鉴于所设想的大规模行动不可避免地出现延误,规定的期限可以比协议最初规定的四年半要长一些,但不应超过七年。

(2)在任何情况下,都不应该允许暂时推迟借记法国账户的总金额超过规定的数额,例如40亿金马克。

(3)应插入一项规定,即由法国偶尔向一般赔款账户(在暂时未偿还的递延借方限额内)支付任何必要的款项,以确保其他协约国按照《付款日程表》从德国那里会得到适当比例的款项。

在引入这些保障措施的前提下,似乎不能有合法的例外,该协议所设想的安排有望加速解决赔偿问题,在不损害其他协约国利益的前提下,以有利于法国的方式采取实际行动。正是基于这一理由,赔偿委员会一致建议协约国政府对它们进行适宜的审查。

如果协约国政府批准总体方案,由于他们可能采取必要的任何保障措施,赔偿委员会仍需考虑某些附属要点,其中包括:

(1)建议根据《付款日程表》确定的年度负债的指数,从中删去超额交付,直至这些交付最终用于赔偿目的。

(2)法国有权按身份归还物品的特殊替代安排,在某些情况下涉及货币支付;以及

(3)关于煤炭交付以及贷记和借记价格的特别安排,这在某些方面影响了其他协约国的利益。

九、政府间债务表

（A）美国政府向其他政府的预付款（如1921年7月）（单位：美元）

	根据《自由贷款法》[①]提供的贷款	战争物资销售盈余	食物救济
亚美尼亚			8 028 412.15
奥地利			
比利时	347 691 566.23	27 588 581.14	
古巴	9 025 500.00		
捷克斯洛伐克	61 256 206.74	20 621 994.54	6 428 089.19
爱沙尼亚		12 213 377.88	1 785 767.72
芬兰			8 281 926.17
法国	2 950 762 938.19	400 000 000.00	
英国	4 166 318 358.44		
希腊	15 000 000.00		
匈牙利			
意大利	1 648 034 050.90		
拉脱维亚		2 521 869.32	2 610 417.82
利比里亚	26 000.00		
立陶宛		4 159 491.96	822 136.07
波兰		59 636 320.25	51 671 749.36
罗马尼亚	23 205 819.52	12 922 675.42	

---

① 这是一个净额，考虑到截至1921年7月的还款，其中主要项目为法国7800万美元和英国1.11亿美元。

续表

俄罗斯	187 729 750.00	406 082.30	4 465 465.07
塞尔维亚	26 175 139.22	24 978 020.99	
总计	9 435 225 329.24	565 048 413.80	84 093 879.09

	谷物公司	截至1921年7月应付未付利息	总债务[①]
亚美尼亚	3 931 505.34		11 959 917.49
奥地利	24 055 708.92		24 055 708.92
比利时		34 000 000	409 280 147.37
古巴			9 025 500.00
捷克斯洛伐克	2 873 238.25	6 000 000	97 179 528.72
爱沙尼亚			13 999 145.60
芬兰			8 281 926.17
法国		284 000 000	3 634 762 938.19
英国		407 000 000	4 573 318 358.44
希腊			15 000 000.00
匈牙利	1 685 835.61		1 685 835.61
意大利		161 000 000	1 809 034 050.90
拉脱维亚			5 132 287.14
利比里亚			26 000.00
立陶宛			4 981 628.03
波兰	24 353 590.97		135 661 660.58
罗马尼亚		2 500 000	38 628 494.94
俄罗斯		19 000 000	211 601 297.37
塞尔维亚		3 500 000	54 653 160.21
总计	56 899 879.09	943 500 000	11 084 767 585.68

---

① 这两栏底部的总计包括未在各栏中列出详情的其他利息项目。到1922年2月，还将产生大约2.5亿美元的应计利息。

（B）英国政府对其他政府的预付款（如1921年3月31日）[①]（单位：英镑）

协约国政府[①]			
法国	557 079 507	6	8
俄罗斯	561 402 234	18	5
意大利	476 850 000	0	0
比利时	103 421 192	8	9
塞尔维亚	22 247 376	12	5
黑山	204 755	19	9
罗马尼亚	21 393 662	2	8
葡萄牙	18 575 000	0	0
希腊	22 577 978	9	7
比利时属刚果	3 550 300	0	0
	1 787 262 007	18	3
救济贷款——			
奥地利	8 605 134	9	9
罗马尼亚	1 294 726	0	8
塞尔维亚-克罗地亚-斯洛文尼亚王国	1 839 167	3	7
波兰	4 137 040	10	1
捷克斯洛伐克	417 392	3	3

[①] 这些账户包括利息，但未收取利息的比利时和塞尔维亚除外，自1918年1月以来没有利息的俄罗斯也除外。

爱沙尼亚	241 681	14	2
立陶宛	16 811	12	4
拉脱维亚	20 169	1	10
匈牙利	79 997	15	10
亚美尼亚	77 613	17	2
国际联盟多瑙河委员会	6 868	17	6
	16 736 603	6	2
其他贷款（商店等）——			
捷克斯洛伐克	2 000 000	0	0
亚美尼亚	829 634	9	3
	2 829 634	9	3
总计	1 806 828 245	13	8

新闻报道

英国的

《国家》(The Nation)，1919年12月13日。——"这是当知识分子意识到《和约》是一件非常重要的工作时，向政治家们开的第一枪。"

《威斯敏斯特报》(Westminster Gazette)，1919年12月20日。——"凯恩斯先生对经济解决方案进行了令人震惊且无法回答的控诉……人们太希望我们命运的仲裁者能够读懂它，或许还能学到智慧，但它应该在为广大公众提供信息方面大有裨益，使公众反过来成为自己命运的仲裁者。"

《星期日纪事报》(Sunday Chronicle)，1919年12月21日。——"任何对《和约》的批评都无权被欧洲协约国人民听到，而该《和约》省略了它判决的一面，却没有省略其条约的一面。在我看来，凯恩斯先生似乎有意省略。"

《观众》(The Spectator)，1919年12月20日。——"世界不单由经济力量统治，如果凯恩斯先生在书中提出了这样的政治建议，我们也不会责怪巴黎的政治家们拒绝接受凯恩斯先生的指导。"

《泰晤士报》(The Times)，1920年1月5日。——"凯恩斯先生写了一本关于和平会议及其经济后果的非常'聪明'的书……

总的来说，在我们看来，他对和平的呐喊似乎是一种学术思想的呐喊，他们习惯于处理所谓'政治经济学'形而上学的抽象活动，反抗实际政治存在的事实和力量……事实上，凯恩斯先生的书最显著的特点之一就是缺乏政治经验，更不用说独创性了，它揭示了……他认为，'在所有索赔的最终方案中，无需进一步检查细节，'向德国要求付款20亿英镑是明智和公正的。"

《雅典娜》(The Athenæum)，1920年1月23日。——"这本书是一个用事实和论据装备精良的军火库，每一个希望打击偏见、妄想和愚蠢势力的人都将在今后几年里诉诸于此。一本书要使许多人变得理性是不容易的，但如果不过分奢望，我们可能希望这本书的影响无限扩大。理性的理由从未像本书一样被有力地提出过，而且是用非凡的艺术形式提出的。一篇本来可能很难的半官方的或学术性的论文，却被证明和一部好小说一样引人入胜。"

《双周评论》(Fortnightly Review)，1920年3月1日。——"凯恩斯先生的书已经出版三个月了，对此还没有正式的回复发表。只听到了官僚们愤怒的吼声。我们从未对一项伟大的国际政策提出过如此严厉的控诉，也没有对外交官的无用如此揭露过。"

《时代文学副刊》(Times Literary Supplement)，1920年4月29日。——"凯恩斯先生……在一本书中猛烈抨击了《和约》制定者的全部工作，书中展示了除政治能力外的各种能力……凯恩斯先生除了政治什么都懂，政治是公共事务中发现可行性的科学，公共事务中实现可行性的艺术。"

《时代》(Times)(《年度金融和商业评论》"Annual Financial and Commercial Review")，1921年1月28日。——"凯恩斯先

生关于《和约的经济后果》的书在十几个国家被抢购一空,这几乎是一种不健康的贪婪,这只是表明一种新的渴望,这种渴望不仅欣赏和平而且欣赏战争带来的经济后果,如果可能的话,不仅要应付和平的经济后果,还要应付战争带来的经济后果。"

《利物浦信使》(Liverpool Courier),1921年2月2日。——"在全世界(至少在不喜欢德国的世界)看来,赔偿费用是完全不足的。的确,在凯恩斯先生看来,向德国收取战争养恤金是邪恶的,但我们想象一下,一个有着简单正义感的普通人却不同意凯恩斯先生的观点。"

《英国评论》(English Review)中的"现实主义者"(REALIST),1921年3月。——"赔偿支付的运作必须贯彻到底……'德国必须付出代价'的呼声仍然是一种关于此事的健康声音。"

《英语评论》(English Review),1921年6月。——"梅纳德·凯恩斯先生在他那本了不起的书中所预言的将成为现实。在整个欧洲,各国都在武装起来,思考边界问题,而贸易却萎靡不振,生产停滞不前,信贷陷入困境。"

美国的

约瑟夫·科顿(Joseph P. Cotton),《纽约晚报》(Evening Post),1920年1月30日。——"凯恩斯先生的书是第一本关于欧洲和平与重建的好书。文字朴实真实……一本包含真实信息的好书。"

保罗·克拉瓦斯(Paul D. Cravath),《太阳和纽约先驱报》(Sun And New York Herald),1920年2月2日。——"战争期间或战争以来,没有一部英国小说像这本书那样成功。每一个有思想的美国人都应该读这本书。这是一个了解事实并能以智慧和权威讨论这些事实的人,对《和平条约》的第一次认真讨论。"

哈罗德·拉斯基(Harold J. Laski),《国家》(Nation),纽约,1920年2月7日。——"这是一本非常伟大的书。如果能对本书所包含的对《和约》压倒性的指控做出任何答复的话,这个答复尚未公布。凯恩斯先生以渊博的知识、敏锐的判断力和对经济事件终极原因的洞察力来写作,也许只有半打在世的经济学家希望与之匹敌。他本书的风格也不亚于其内容。它的风格就像是精锻的钢。它充满了令人难忘的词句和生动的肖像,铭刻在一种义愤填膺的尖酸刻薄中。"

哈佛大学的陶西格(F. W. Taussig),《经济学季刊》(Quarterly Journal Of Economics),1920年2月。——"经济学家都认识凯恩斯先生。他工作的高质量是众所周知的。这本书展现了我们所期待的那种沉着自信的作风、广泛的兴趣、独立的判断。它也显示了优秀的精神和文学技巧……谈到《和约》的经济条款,我发现自己大体上同意凯恩斯先生所说的话。他估计了德国在赔偿方面能做些什么……根据他的判断,最高不能超过100亿美元。可以说艾伦·杨(A. A. Young)教授在为美国财务顾问进行估计时,是独立得出这样一些数字的。"

《金融世界》(Financial World),纽约市,1920年2月16日。——"对于普通商人来说,这里面有一千美元的信息。"

弗兰克·范德利普(Frank A. Vanderlip),《芝加哥新闻》(Chicago News),1920年3月3日。——"我认为这是自停战以来出版的最重要的一本书。它必将对世界思想产生深远的影响。它是对战争爆发时欧洲经济结构的深刻分析,是对和平会议的精彩描述,是对

《和约》缺点的透彻分析，是对赔偿要求的剖析，是由一位伟大外科医生的科学精神和稳健之手完成的，是一种对《和约》之后欧洲未来的憧憬，这是迄今对欧洲大陆当前局势做出的最具启发性的描述，最后是建设性的补救建议。每一章都有大师之手、受过解读经济数据训练的头脑以及绝对不屈不挠地说出真相的勇气的印记。"

阿尔文·约翰逊（Alvin Johnson），《新共和国》（The New Republic），1920年4月14日——"所有人都意识到凯恩斯的《和约的经济后果》需要一个'答案'。有太多的自满被它攻击……他的批评者们对它的攻击有什么进展？……令人惊讶的是，美国评论家几乎没有努力驳斥有关该《和约》在许多方面直接违反初步协议的指控，也没有任何人试图认真表明这些协议不受道德约束……批评人士并没有撼动凯恩斯对《和约》的描述。关于《和约》应该是什么，他们一直未能与凯恩斯达成一致意见。他们承认需要修改。"

《底特律自由报》（Detroit Free Press），1921年11月21日。——"我只见过一次维维亚尼（Viviani）逐渐开始行动，那是在他最后一次去美国之后。他说话时语调低沉，突然想起约翰·梅纳德·凯恩斯的书《和约的经济后果》。他的脸一直毫不动情，有点抽搐。他的语速慢慢加快。他的情绪奇怪地在他全身的肌肉中蔓延，直到从头到脚都放松了的身影变得紧张起来。不一会儿，他怒气冲冲地斥责他在新世界每个国家都遇到过的那本书，说它是'罪恶的纪念碑'，是一个在南美洲或北美洲到处与他对峙的怪物，因为某种（对他来说）难以置信的原因，每个人似乎都相信它是《凡尔赛和约》的福音真理。"

英汉对照表

Allied debts, 协约国债务
Armistice negotiations, 停战谈判
Army of Occupation, expenses of, 占领军, 费用
Austria, 奥地利
Balfour, A. J., 巴尔福尔
Baruch, 巴鲁克
Belgian priority, 比利时优先权
Boulogne Conference, 布伦会议
Boyden, 博伊登
Bradbury, Sir John, 约翰·布拉德伯里爵士
Brenier, 布雷尼尔
Briand, 白里安
British Reparation Claims, 英国赔偿要求
Brockdorff–Rantzau, 布罗克多夫·兰图
Brussels Conference (Experts), 布鲁塞尔会议（专家）
Brussels Conference (League of Nations), 布鲁塞尔会议（国际联盟）
Brussels Conference (Premiers), 布鲁塞尔会议（总理）
Bulgaria, 保加利亚
Clemenceau, 克雷孟梭
Coal, 煤炭
Cunliffe, Lord, 康利夫勋爵
Curzon, Lord, 寇松勋爵
D'Ahernon, Lord, 达赫农勋爵
Decisions of London, 《伦敦决定》
Disarmament of Germany, 德国解除军备
Dominion Prime Ministers' Conference, 自治领总理会议
Doumer, 杜默
Dubois, 杜博伊斯
Dulles, John Foster, 约翰·福斯特·杜勒斯
East Prussia (plebiscite), 东普鲁士（公投）
Economic Consequences of the Peace, 《和约的经济后果》
Elsas, Dr. Moritz, 莫里茨·埃尔萨斯

博士
Exports, German, 出口，德国
Financial Agreement of Paris (Aug. 1921),《巴黎财政协定》(1921年8月)
Foch, Marshal, 福熙元帅
Forgeot, 福尔若
Fournier-Sarlovèze, 福尼尔-萨洛维奇
Frankfurt, Occupation of, 法兰克福，占领
French Reparation Claim, 法国赔偿要求
George, Lloyd, 劳合·乔治
German Budget, 德国预算
German Counter-proposal (March 1921), 德国反提案(3月1日)
German Counter-proposal (April 1921), 德国反提案(4月1日)
German individual income, 德国个人收入
German property in United States, 德国在美国的财产
Gladstone, 格莱斯顿
Guarantees, Committee of, 担保委员会
Haig, Sir Douglas, 道格拉斯·黑格爵士
Harding, President, 哈丁总统
Heichen, Dr. Arthur, 亚瑟·海辰博士

Helfferich, 赫尔弗里希
History of the Peace Conference of Paris,《巴黎和平会议历史》
House, Col., 豪斯上校
Hughes, W. M., 休斯
Hungary, 匈牙利
Hymans, 海曼斯
Hythe Conference, 海斯会议
Invasion of Germany, 入侵德国
Italian Reparation Claims, 意大利赔偿要求
Italy, 意大利
Kaiser, trial of, 凯撒审判
Kapp, "Putsch," 卡普"政变"
Klotz, 克洛茨
Lamont, J. W., 拉蒙特
Lansburgh, Dr. Albert, 阿尔伯特·兰斯堡博士
Law, Bonar, 博纳·劳
League of Nations, 国际联盟
Leipzig trials, 莱比锡审判
Lévy, Raphaël-Georges, 莱维，拉斐尔-乔治
Leygues, 莱格斯
Lignite, 褐煤
London Conference I., 伦敦第一次会议
London Conference II., 伦敦第二次会议
London Settlement,《伦敦方案》

London Ultimatum I., 伦敦第一次最后通牒
London Ultimatum II., 伦敦第二次最后通牒
Loucheur, 卢切尔
Loucheur–Rathenau Agreement; vide Wiesbaden Agreement,《卢切尔-拉特瑙协议》；参见《威斯巴登协议》
Mark Exchange, 马克汇率
Mercantile Marine of Germany, 德国商船
"Mermeix," "梅尔梅克斯"
Millerand, 米勒兰
Newspaper opinion, 报纸上阐述的观点
Nitti, 尼蒂
Occupation, Army of, 占领军
Occupation of Germany, 占领德国
Occupation of Germany, legality of, 占领德国的合法性
Orlando, 奥兰多
Paris decisions,《巴黎决定》
Payment in kind, 实物支付
Pensions, 养恤金
Poincaré, 庞加莱
Poland, 波兰
Poland's coal, 波兰的煤炭
Private opinion, 私人观点
Rathenau, 拉瑟瑙
Reparation Claims, 赔偿要求

Reparation and International Trade, 赔偿与国际贸易
Reparation Bill, 赔偿法案
Reparation Bonds, 赔偿债券
Reparation Commission, 赔偿委员会
Reparation Commission, Assessment of, 赔偿委员会评估
Reparation, Estimates of, 赔偿估计
Reparation Receipts, division of, 赔款收入分配
Restitution, 恢复原状
Revision of Treaty,《和约》的修订
Ruhr, Occupation of, 占领鲁尔
Ruhr riots, 鲁尔暴动
San Remo Conference, 圣雷莫会议
Sanctions, 制裁
Schlesvig (plebiscite), 石勒苏益格（公投）
Simons, 西蒙斯
Smuts, General, 斯穆茨将军
Sonino, 松尼诺
Spa Coal Agreement,《斯帕煤炭协议》
Spa Conference,《斯帕会议》
Sumner, Lord, 萨姆纳勋爵
Tardieu, 塔迪厄
The Times,《泰晤士报》
United States, 美国
United States and Inter-Allied Debts, 美国和协约国内部债务
United States, Treaty rights of, towards

Germany, 美国对德权利条约
Upper Silesia, 上西里西亚
Westphalian riots, 威斯特伐利亚暴动
Wierzlicki, 维尔兹里基
Wiesbaden Agreement,《威斯巴登协议》
Wilson, President, 威尔逊总统
Young, Allyn, 艾伦·杨

译 后 记

学习凯恩斯先生的《就业、利息和货币通论》(以下简称《通论》)是我们经济学训练中的重要一课,很多年过去,我们在经济生活中实践和检验这部著作的要义:是这样做吗?是这样的结果吗?我们这样做,对吗?历史不会重复,但是会惊人的相似,就像一个人不会两次踏入同一条河流。那些细节我们可能都会忘记,但那句名言"从长远来看,我们都将死去"总会在耳边回响。

这部译作是一个集体作品,感谢我的同伴唐伟霞和张彩琴的翻译,以及唐伟霞烦琐的统稿修改。

《和约的经济后果》写于1919年12月,这部书不断重印,但是在国内并没有《通论》那样广大的受众和反响。我们偶尔在教授的某一次讲座里听到这个名字,教授都会说,这本书很重要,但是鲜有人问津。2003年我在伦敦大学玛丽女王学院访学时,为了完成中国改革基金会的课题"人民币国际化的现状和前景研究",查阅凯恩斯关于金本位的看法,恰在图书馆遇到了这本书。这对于我无异于一个地理大发现,我花了很长时间,才基本上明白了其要义,战争与和平、政治家与民众、事实与观点——那个《和约》给民众带来的灾难性的后果。

人生是缘,2015年,一朋友问我,是否愿意翻译《和约的经济后果》，我不假思索，欣然答应。在她的引荐下，我认识了商务印书馆的金晔老师。但是，这次翻译的不是《和约的经济后果》，而是其续篇，是凯恩斯在 1922 年完成的对巴黎和会整个谈判的事实记录和反思。我曾听说，这个续篇是凯恩斯最雄辩的著作。带着仍在燃烧的《通论》的热情和对续编的好奇，我还是欣然地接受了这个翻译任务，金晔老师说，这本书在国内首译，没有版本可参照。这些似乎我都没听到一般，迫不及待想领略大师的智慧和才华。

本书使用"合约"而不用"和约"，是因为作者使用了"Treaty"一词，泛指《凡尔赛和约》及其相关的合约。汹涌的激情要落在一字一句的翻译上，在试翻译的过程中，我们遇到了最挑战的长句，层数最多的"卷心菜"。除此之外，凯恩斯的知识面太广阔、太丰富了，他引用的场景，包括宗教、历史、哲学、戏剧和教育等多领域，我们本来要把这本书翻到极致，做到"信、达、雅"。经过几十年经济学训练，我们深刻感觉到，"信"是我们努力达到的最高境界。我们放下了奔腾的激情，开始收集在国内能够找到的所有凯恩斯的作品，包括传记和对他的评论，海量阅读。我们要在充分了解历史的基础上来理解凯恩斯在续篇中陈述的事实、表达的观点，还有他当时的情感，体验他想要达到的目的。

时光铺路，经济史是经济学的源。我们在翻译中体验到，历史并不是过去某时某刻发生的事，历史是一个逻辑整体。《和约的经济后果》不是一个赔偿的账单，"续篇"也不只是抱怨和谴责的檄文。凯恩斯虽然在短短的序言里写到"这片树林的伟大之处在于，在这里，几乎没有机会见到劳合·乔治或威尔逊总统，这里除了松鼠，什么都没有"。的确，这里就是那场影响深远的谈判记录和回到宾馆的反思。但每一笔记录都带着作者的观点，经过反复阅读，我们才理解了作者的心声，"对于公众，对平静生活的渴望，对减少赔偿的渴望，以及对与邻国和平相处的渴望是目前最重要的"。作者以他的方式呼唤和平，呼唤建设一个更好的世界。

1922年以后的100年又发生了什么，凯恩斯记录的事实对那之后的100年又产生了哪些意义？引起我们哪些思考？

如果按照翻译周期，2015—2023年，这本译作与读者见面的时间是漫长的，对于我们译者而言却仍然是短暂的。这几年的看见和听见，进一步加深了我们对那个年代的理解，感受到凯恩斯作为一个官员和研究者的责任担当，他不是去巴黎完成一个任务，画成一个句号。看到电视剧《觉醒年代》中关于巴黎和会的那一幕，我们又回到了"续篇"，这或许是我们翻译的意义，凯恩斯留给我们历史遗产闪耀的光辉。

这篇译作，或许是商务印书馆出版各种名著的一个短篇。寒假中一个阳光较好的上午杀青了。在我们心中，新春的钟声何时敲响并不重要，时间总是向前一步。

"在现实中发现问题，在历史中寻找答案。"我们真心希望，这并不被世人熟悉的"续篇"能够让我们对和平多一些理解，我们希望政治家能够像经济学家那样思考。

翻译，是译者和作者的言谈举止、思想情怀之间的化学反应，这种反应，还在继续。

翻译工作由唐伟霞、李婧和张彩琴合作完成。李婧负责前言、第一、二章；唐伟霞负责第三、四、六、七章及文件附录等；张彩琴负责第五章。唐伟霞、李婧分别进行统稿。

借此机会,我们要感谢金晔老师为译稿所做的编辑工作。

李婧

2022 年 3 月 6 日

经济学名著

第一辑书目

凯恩斯的革命	〔美〕克莱因 著
亚洲的戏剧	〔瑞典〕冈纳·缪尔达尔 著
劳动价值学说的研究	〔英〕米克 著
实证经济学论文集	〔美〕米尔顿·弗里德曼 著
从马克思到凯恩斯十大经济学家	〔美〕约瑟夫·熊彼特 著
这一切是怎么开始的	〔美〕W.W.罗斯托 著
福利经济学评述	〔英〕李特尔 著
增长和发展	〔美〕费景汉 古斯塔夫·拉尼斯 著
伦理学与经济学	〔印度〕阿马蒂亚·森 著
印度的货币与金融	〔英〕约翰·梅纳德·凯恩斯 著

第二辑书目

社会主义和资本主义的比较	〔英〕阿瑟·塞西尔·庇古 著
通俗政治经济学	〔英〕托马斯·霍吉斯金 著
农业发展：国际前景	〔日〕速水佑次郎 〔美〕弗农·拉坦 著
增长的政治经济学	〔美〕保罗·巴兰 著
政治算术	〔英〕威廉·配第 著
歧视经济学	〔美〕加里·贝克尔 著
货币和信用理论	〔奥地利〕路德维希·冯·米塞斯 著
繁荣与萧条	〔美〕欧文·费雪 著
论失业问题	〔英〕阿瑟·塞西尔·庇古 著
十年来的新经济学	〔美〕詹姆斯·托宾 著

第三辑书目

劝说集	〔英〕约翰·梅纳德·凯恩斯 著
产业经济学	〔英〕阿尔弗雷德·马歇尔 玛丽·佩利·马歇尔 著
马歇尔经济论文集	〔英〕阿尔弗雷德·马歇尔 著
经济科学的最终基础	〔奥〕路德维希·冯·米塞斯 著
消费函数理论	〔美〕米尔顿·弗里德曼 著

货币、就业和通货膨胀	〔美〕罗伯特·巴罗　赫歇尔·格罗斯曼 著
论资本用于土地	〔英〕爱德华·威斯特 著
财富的科学	〔英〕J.A.霍布森 著
国际经济秩序的演变	〔美〕阿瑟·刘易斯 著
发达与不发达问题的政治经济学	〔美〕查尔斯·K.威尔伯 编

第四辑书目

中华帝国的专制制度	〔法〕魁奈 著
政治经济学的特征与逻辑方法	〔英〕约翰·埃利奥特·凯尔恩斯 著
就业与均衡	〔英〕阿瑟·塞西尔·庇古 著
大众福利	〔西德〕路德维希·艾哈德 著
外围资本主义	〔阿根廷〕劳尔·普雷维什 著
资本积累论	〔英〕琼·罗宾逊 著
凯恩斯以后	〔英〕琼·罗宾逊 编
价值问题的论战	〔英〕伊恩·斯蒂德曼　〔美〕保罗·斯威齐 等 著
现代经济周期理论	〔美〕罗伯特·巴罗 编
理性预期	〔美〕史蒂文·M.谢弗林 著

第五辑书目

宏观政策	〔英〕基思·卡思伯森 著
经济学的边际革命	〔英〕R.D.C.布莱克　A.W.科茨　克劳弗德·D.W.古德温 编
国民经济学讲义	〔瑞典〕克努特·维克塞尔 著
过去和现在的政治经济学	〔英〕L.罗宾斯 著
1914年以后的货币与外汇	〔瑞典〕古斯塔夫·卡塞尔 著
政治经济学的范围与方法	〔英〕约翰·内维尔·凯恩斯 著
政治经济学论文五篇	〔英〕马尔萨斯 著
资本和收入的性质	〔美〕欧文·费雪 著
政治经济学	〔波兰〕奥斯卡·R.兰格 著
伦巴第街	〔英〕沃尔特·白芝浩 著

第六辑书目

| 对人进行投资 | 〔美〕西奥多·舒尔茨 著 |

经济周期的规律与原因	〔美〕亨利·勒德韦尔·穆尔 著
美国经济史 上卷	〔美〕福克讷 著
美国经济史 下卷	〔美〕福克讷 著
垄断资本	〔美〕保罗·巴兰，保罗·斯威齐 著
帝国主义	〔英〕约翰·阿特金森·霍布森 著
社会主义	〔奥〕路德维希·冯·米塞斯 著
转变中的美国经济	〔美〕马丁·费尔德斯坦 编
凯恩斯经济学的危机	〔英〕约翰·希克斯 著
就业理论导论	〔英〕琼·罗宾逊 著

第七辑书目

社会科学方法论探究	〔奥〕卡尔·门格尔 著
货币与交换机制	〔英〕威廉·斯坦利·杰文斯 著
博弈论与经济模型	〔美〕戴维·M.克雷普斯 著
英国的经济组织	〔英〕威廉·詹姆斯·阿什利 著
赋税论 献给英明人士 货币略论	〔英〕威廉·配第 著
经济通史	〔德〕马克斯·韦伯 著
日本农业的发展过程	〔日〕东畑精一 著
经济思想史中的经济发展理论	〔英〕莱昂内尔·罗宾斯 著
传记集	〔英〕约翰·梅纳德·凯恩斯 著
工业与贸易	〔英〕马歇尔 著

第八辑书目

经济学说与方法史论	〔美〕约瑟夫·熊彼特 著
赫克歇尔-俄林贸易理论	〔瑞典〕伊·菲·赫克歇尔 戈特哈德·贝蒂·俄林 著
论马克思主义经济学	〔英〕琼·罗宾逊 著
政治经济学的自然体系	〔德〕弗里德里希·李斯特 著
经济表	〔法〕魁奈 著
政治经济学定义	〔英〕马尔萨斯 著
价值的尺度 论谷物法的影响 论地租的本质和过程	〔英〕马尔萨斯 著
新古典宏观经济学	〔美〕凯文·D.胡佛 著
制度的经济效应	〔瑞典〕托斯坦·佩森 〔意〕吉多·塔贝林尼 著

第九辑书目

资本积累论	〔德〕罗莎·卢森堡 著
凯恩斯、布卢姆斯伯里与《通论》	〔美〕皮耶罗·V.米尼 著
经济学的异端	〔英〕琼·罗宾逊 著
理论与历史	〔奥〕路德维希·冯·米塞斯 著
财产之起源与进化	〔法〕保罗·拉法格 著
货币数量论研究	〔美〕米尔顿·弗里德曼 编
就业利息和货币通论	〔英〕约翰·梅纳德·凯恩斯 著 徐毓枬 译
价格理论	〔美〕米尔顿·弗里德曼 著
产业革命	〔英〕阿诺德·汤因比 著
黄金与美元危机	〔美〕罗伯特·特里芬 著

第十辑书目

货币改革论	〔英〕约翰·梅纳德·凯恩斯 著
通货膨胀理论	〔奥〕赫尔穆特·弗里希 著
资本主义发展的长波	〔比〕欧内斯特·曼德尔 著
资产积累与经济活动／十年后的稳定化政策	〔美〕詹姆斯·托宾 著
旧世界 新前景	〔英〕爱德华·希思 著
货币的购买力	〔美〕欧文·费雪 著
社会科学中的自然实验设计	〔美〕萨德·邓宁 著
马克思《资本论》形成史	〔乌克兰〕罗斯多尔斯基 著
如何筹措战争费用	〔英〕约翰·梅纳德·凯恩斯 著
通向繁荣的途径	〔英〕约翰·梅纳德·凯恩斯 著

第十一辑书目

经济学的尴尬	〔英〕琼·罗宾逊 著
经济学精义	〔英〕阿尔弗雷德·马歇尔 著
更长远的观点——政治经济学批判论文集	〔美〕保罗·巴兰 著
经济变迁的演化理论	〔美〕理查德·R.纳尔逊 悉尼·G.温特 著
经济思想史	〔英〕埃里克·罗尔 著
人口增长经济学	〔美〕朱利安·L.西蒙 著
长波周期	〔俄〕尼古拉·D.康德拉季耶夫 著

自由竞争的经济政策	〔美〕亨利·西蒙斯 著
社会改革方法	〔英〕威廉·斯坦利·杰文斯 著
人类行为	〔奥〕路德维希·冯·米塞斯 著

第十二辑书目

自然的经济体系	〔美〕唐纳德·沃斯特 著
产业革命	〔美〕查尔斯·A.比尔德 著
当代经济思想	〔美〕悉尼·温特劳布 编
论机器和制造业的经济	〔英〕查尔斯·巴贝奇 著
微积分的计算	〔美〕欧文·费雪 著
和约的经济后果	〔英〕约翰·梅纳德·凯恩斯 著
国际经济政策理论（第一卷）：国际收支	〔英〕詹姆斯·爱德华·米德 著
国际经济政策理论（第二卷）：贸易与福利	〔英〕詹姆斯·爱德华·米德 著
投入产出经济学（第二版）	〔美〕沃西里·里昂惕夫 著

图书在版编目(CIP)数据

合约的修订:《和约的经济后果》续篇/(英)约翰·梅纳德·凯恩斯著;唐伟霞,李婧,张彩琴译.—北京:商务印书馆,2023
(经济学名著译丛)
ISBN 978-7-100-23019-3

Ⅰ.①合… Ⅱ.①约… ②唐… ③李… ④张… Ⅲ.①凡尔赛条约(1919)—影响—欧洲经济—研究 Ⅳ.①F15②D819

中国国家版本馆 CIP 数据核字(2023)第 175995 号

权利保留,侵权必究。

经济学名著译丛
合约的修订
——《和约的经济后果》续篇

〔英〕约翰·梅纳德·凯恩斯 著
唐伟霞 李婧 张彩琴 译

商 务 印 书 馆 出 版
(北京王府井大街36号 邮政编码100710)
商 务 印 书 馆 发 行
北京艺辉伊航图文有限公司印刷
ISBN 978-7-100-23019-3

2023年11月第1版　　开本 850×1168 1/32
2023年11月北京第1次印刷　印张 5¾
定价:42.00元